KBS 경제대기획

부국의 조건

일러두기

1. 인명과 지명은 국립국어원의 외래어표기법을 따라 표기하였다.
2. 원화로 표기된 금액은 다음 환율을 적용하여 환산하였다.
  1달러 = 1,050원, 1엔 = 10원, 1유로 = 1,440원, 1크로나 = 167원, 1페소 = 65원
3. 본문에 사용한 기호의 쓰임새는 다음과 같다.
  《 》: 단행본
  〈 〉: TV 프로그램, 잡지, 신문

KBS 경제대기획

부국의 조건

KBS 〈부국의 조건〉 제작팀 지음

가나출판사

부국과 빈국의 차이를 만드는 것은 무엇인가?

우리는 풍요와 빈곤이 공존하는 세상에 살고 있다. 어떤 나라는 부유하고, 어떤 나라는 가난하다. 국가 간의 빈부 격차는 같은 시대에 살고 있다는 게 믿기지 않을 정도로 사람들의 삶을 극단적으로 나누어버렸다.

부국의 아이들이 부모의 보호 아래 학교에 다니는 동안 빈국의 아이들은 강도 높은 노동에 시달린다. 부국의 사람들이 마시는 5달러 커피값은 빈국의 사람들에게 하루 생활비로 쓰인다. 부국의 국민들이 교육과 복지 혜택을 받는 동안 빈국의 국민들은 단지 가난한 나라에 태어났다는 이유만으로 교육을 받지 못하고, 일을 찾지 못하고 극빈자의 삶에 시달린다.

이 같은 삶을 바꾸고자 어떤 이들은 국경을 넘기도 한다. 그 자신과 가족의 목숨까지 걸고 다른 나라로 가야 할 정도로 빈국에서는 어떤 희망도 가지지 못하기 때문이다. 이처럼 개개인의 삶은 그의 능력과 상관없이 국적에 따라 좌우되고 결정되기도 한다.

그런데 부국과 빈국이라는 국가의 운명을 결정하는 요인은 무엇일까? 이 흥미로운 질문에 대한 답을 찾기 위해 많은 학자들은 인종설, 환경설, 지리설, 자원설 등을 동원해왔다. 하지만 이러한 이론은 국가의 몰락을 정확하게 설명해내지 못한다. 이 같은 이론이 성립되려면 특정한 인종과 환경, 지리적 위치에 있는 국가는 전적으로 부국이 되거나 전적으로 빈국이 되어야 한다.

자원의 유무 또한 마찬가지다. 아무리 많은 자원을 가지고 있어도 빈국의 지위에서 벗어나지 못하는 멕시코나 아르헨티나 같은 나라가 있는가 하면, 자원은 없지만 부국의 지위에 올라 있는 싱가포르나 네덜란드 같은 나라도 있다.

그렇다면 부국과 빈국을 가르는 결정적 요인은 어디에서 찾을 수 있을까? 우리는 이 답의 힌트를 MIT 경제학과 교수 대런 애쓰모글루와 하버드대학교 정치학과 교수 제임스 A. 로빈슨의 연구에서 얻을 수 있었다. 그들은 15년간 세계 각국의 탄생과 부흥, 실패를 추적해왔다. 그들 역시 '왜 어떤 나라는 부유하고 어떤 나라는 가난한가?'라는 질문을 던졌으며, 그 답을 찾고자 오랜 시간 연구를 진행했다. 그 결과 두 교수는 '부국으로 가는 결정적 요인은 지리적, 인종적, 기후적 조건이 아닌 바로 제도적 요인이었다'는 간단명료한 답을 찾아냈다.

이 같은 견해는 그들의 저서 《국가는 왜 실패하는가》에 정리되어 있다. KBS 경제대기획 〈부국의 조건〉은 이 책을 모티브로 삼아 기획되었다. 때문에 '부국으로 가는 결정적 요인은 제도이며, 빈국으로 남아 있는 많은 나라들은 이러한 제도가 없었다'는 맥락에선 동일한 의견을 펼친다.

하지만 우리는 이러한 제도가 실제로 각 나라에 어떠한 영향을 주고 있는지를 생생하게 전달하기 위해 5대륙 13개 국가를 넘나들며 생생하게 취재했고, 인문서나 경제서에 익숙하지 않은 독자라도 어렵지 않게 접근할 수 있도록 보다 쉽게 풀어보고자 많은 노력을 기울였다.

취재를 통해 분명히 확인할 수 있었던 것은 부국과 빈국의 차이를 만드는 것은 그 사회의 제도라는 사실이었다. 산업혁명 이후로 들어서면서 현대국가의 부는 소수에 의해 결정되지 않았다. 부는 다양한 주체들의 활발한 참여를 통해 획득할 수 있는 것이었다. 이를 가능하게 하기 위해서는 폭넓은 권력 분배가 동반된 포용적 정치제도의 확립이 필요하다.

권력이나 부가 소수에게만 집중되고 다수가 소외되는 사회의 경제는 활력을 잃게 된다. 아무리 열심히 일해도 그 대가가 따르지 않으면 일할 의지는 자연스럽게 상실된다. 아무리 노력해도 미래가 불안한 사회는 사람들에게 동기부여를 해주지 못한다.

애덤 스미스가 《국부론》에서 "개인이 자신의 이익을 추구함으로써 사회 전체의 이익을 효과적으로 증진시킨다"고 말했듯이, 개개인이 자신의 삶을 열심히 꾸려나가게 만드는 환경을 조성하는 것은 대단히 중요한 문제다.

그런데 이러한 환경은 몇몇 정치인의 의지나 선량한 다수의 바람으로 조성되는 것이 아니다. 힘 있는 자들이 권력과 돈으로 시장을 독점하여 공평한 분배 대신 극단적인 빈부 격차로 양극화에 시달리는 사회는 대체로 제도적 장치가 미약했다. 혹은 나름 제도적 장치가 있어도 실효성이 없으면 공평한 분배가 이루어지는 사회를 구현할 수 없었다.

오늘날 많은 나라가 GDP(국내총생산)를 지표로 삼아 부국이거나 빈국으로 구분된다. 하지만 단순히 GDP의 숫자가 크다고 해서 국민이 그 혜택을 충분히 누리고 있는 진정한 부국인 것은 아니다. 이를테면 2015년 기준으로 멕시코의 GDP는 1조 2,319억 달러를 넘어서서 세계 13위라는 기록을 달성했다. 1조 4,351억 달러로 11위를 기록한 한국과 별반 다르지 않은 수준이다.

하지만 많은 이들의 머릿속에 멕시코는 한국보다 훨씬 가난한 나라다. 그리고 이러한 생각은 일면 사실이다. 비록 세계 부자 순위 1, 2위를 다투는 통신 재벌 카를로스 슬림의 국적이 멕시코라고 해도 마찬가지다. GDP 순위가 어떻든 간에 다수의 국민이 극빈자로 살고 있는 멕시코를 부국의 지위에 올릴 수는 없을 것이다.

OECD 2014년 통계연보의 자료에 따르면 멕시코의 빈곤 격차(Poverty Gap) 비율은 41%로, 스페인의 42%에 이어 2위를 차지하고 있다. 그런데 바로 그 뒤를 잇는 나라는 놀랍게도 한국이다. 한국의 빈곤 격차 비율은 39%로 OECD 회원국 중 3위이며, 멕시코와 어깨를 나란히 하고 있는 수준이다.

부국은 단지 GDP 순위나 몇몇 재벌의 부로 측정되지 않는다. 이는 '나라는 부유한데 국민은 가난한' 비정상적인 행태에 불과할 뿐이다. 진정한 부국은 사회 전체의 경제성장을 이루며 다수에게 공평한 분배가 돌아가는 사회를 일컫는다. 이러한 사회를 만들기 위해서는 일부 계층만을 위해 다른 계층을 착취하는 제도가 아니라, 다수의 행복을 추구하는 포용적 제도와 소수에게 부가 집중되지 않는 장치가 필요하다.

우리는 이 책에서 이러한 제도적 장치를 가지고 있는 나라와 그렇지 못한 나라의 운명이 결국 어떻게 귀결되었는지를 살펴볼 것이다.

먼저 1부에선 오늘날 멕시코와 미국의 차이를 만들어낸 것이 스페인과 영국의 식민지 시대부터 내려온 제도의 차이에서부터 기인했음을 밝히고자 한다. 이는 한번 자리 잡은 제도가 한 나라의 미래를 어떻게 변화시켰는지를 보여주는 좋은 예시다.

2부에선 세계를 지배했던 부국 로마 제국, 유럽 무역과 상업의 중심지로 번영을 누렸던 도시국가 베네치아, 계획경제를 통해 번영을 준비했던 옛 소련, 자원 부국임에도 불구하고 세계에서 가장 비참한 나라로 전락한 베네수엘라를 통해 소수의 탐욕이 어떻게 한 나라를 몰락으로 이끄는지 살펴볼 것이다.

3부에선 오늘날 부국으로 우뚝 선 독일, 스웨덴, 싱가포르, 네덜란드 같은 나라는 어떠한 제도를 시행하고 있는지를 확인해볼 것이다. 그리고 세계 최고의 부국을 목전에 두고 끝없는 장기불황에 빠진 일본을 통해 고속성장 후 정체에 빠진 한국 경제가 한 단계 더 도약해 확실한 부국이 되는 방법을 모색해보고자 한다.

KBS 경제대기획 〈부국의 조건〉 제작팀

목차

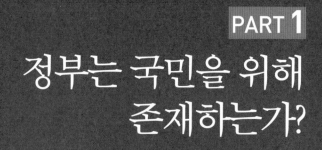

PART **1**

정부는 국민을 위해
존재하는가?

지구 상에 존재하는 모든 국가에는 정부가 있다. 정부는 국가의 경영을 맡고 있으며 이론상으로는 국민을 위해 존재하는 단체나 기관이다. 하지만 고금을 막론하고 많은 국가의 정부가 국민을 위해 움직이기보다 권력층과 특권층의 이익을 대변해왔다. 그리고 이는 국가의 흥망성쇠를 결정하는 주요한 요인으로 작용했다.

그렇다면 정부는 국가의 부를 위해 어떠한 운영 능력을 갖추어야 하는가?

우리는 그 해답을 미국과 멕시코의 국경 도시 '노갈레스'의 사례에서부터 찾기 시작할 것이다. 하나의 이름을 가졌지만 두 개의 도시가 된 노갈레스는 전혀 다른 행보를 걷게 된다. 이는 미국 정부와 멕시코 정부가 지닌 국가 운영 능력의 차이에서 기인한 것이다. 그 차이는 각 나라가 영국과 스페인의 식민지 시대였던 시절까지 거슬러 올라간다. 영국과 스페인의 식민지 정책이 당시 미국과 멕시코의 제도에 미친 영향력이 오늘날까지 이어지고 있기 때문이다.

Chapter 1

국가는 **부유**하지만
국민은 가난한 **멕시코**

빈부의 경계선이 된 국경선

미국과 멕시코의 접경지대에는 특이한 이력을 지닌 도시 '노갈레스'가 있다. 노갈레스는 원래 멕시코 국경에 있는 작은 마을에 불과했는데, 지금은 3,000여 km에 달하는 장벽이 이 땅을 두 조각으로 나누어버렸다. 장벽의 북쪽은 미국의 애리조나 주에 속하며 반대쪽은 멕시코 소노라 주에 속한다. 하나의 도시지만 두 개의 국적을 가지게 된 셈이다.

노갈레스가 분단도시가 된 역사는 1853년으로 거슬러 올라간다. 당시 미국 정부는 멕시코 정부로부터 노갈레스의 일부를 매입했다.

이 일로 멕시코 영토였던 땅은 미국 영토로 바뀌었다.

  그렇다고 두 도시 사람들의 교류가 단숨에 끊긴 것은 아니다. 1960년대까지만 해도 양쪽 노갈레스 사람들은 함께 어울려 전통축제를 벌이기도 했다. 가족, 친구, 이웃이었던 사람들이 오랫동안 공유해왔던 문화나 생활 습관을 국경선이 끊어낼 수 있는 것은 아니었다. 하지만 시간이 흐르면서 노갈레스의 국경 검문이 강화되기 시작했다. 급기야 1994년엔 지금의 장벽을 세우기에 이르렀고, 그렇게 두 개의 도시로 완전히 나뉘었다. 같은 지역, 같은 민족이었지만 시간이 지나면서 미국 땅에 속한 노갈레스는 미국의 영향을 받게 되고 멕시코

▌한때 하나의 마을이었던 이곳은 장벽이 놓이면서 왼쪽은 멕시코 소노라 주 노갈레스, 오른쪽은 미국 애리조나 주 노갈레스로 나뉘며 운명이 달라졌다.

▌미국과 멕시코의 국경선은 선명한 빈부의 경계선이 되었다.
　그리고 이를 넘기 위해 목숨을 건 시도들이 매일 이어지고 있다.

노갈레스는 멕시코의 영향을 많이 받게 된 것이다.

두 도시를 가로막고 있는 장벽의 높이는 8m에 이른다. 두 도시를 선명하게 경계 짓는 이 삼엄한 구조물은 이쪽과 저쪽이 자유롭게 왕래할 수 없음을 상징적으로 보여주는 것이기도 하다. 하지만 매년 이 장벽을 넘으려 시도하는 멕시코 사람들이 수십만 명에 달한다. 장벽을 올라타는 과정에서 다치거나 목숨을 잃을 수도 있고, 장벽을 넘어섰다 해도 미국 경찰에 체포되는 경우가 허다하다. 그럼에도 기어이 꼭대기까지 올라서려 애를 쓴다. 멕시코 사람들이 목숨을 걸고 장벽을 넘어서려는 이유는 더 나은 삶을 살기 위해서다.

국경선을 맞댄 쌍둥이 도시지만 두 도시의 운명은 판이하게 다르다. 미국 노갈레스 주민들은 멕시코 노갈레스 주민들보다 평균 세 배 이상의 돈을 벌고 있으며, 미국 정부가 제공하는 안정된 정치제도 속에서 다양한 기회와 공공인프라를 제공받고 있다. 교육, 의료, 복지 등의 공공서비스 또한 멕시코 노갈레스보다 월등하다.

대런 애쓰모글루
미국 MIT 경제학과 교수

두 지역이 미국과 멕시코라는 다른 제도권 아래 있었습니다. 그 결과 시민들의 정치 참여, 경제활동, 서비스와 공공교육, 의료혜택, 도로,

기반시설도 매우 달랐습니다. 법적 접근도 양쪽이 매우 달랐고, 법의 시행도 다르게 적용되었습니다. 노갈레스는 하나로 연결된 사회였지만 결과적으로 엄청난 차이가 생겨났습니다.

　두 도시의 차이는 각 국가가 지닌 국력이나 경제력 차이에서 기인한다. 멕시코는 국민 절반이 고등학교를 졸업하지 못하며, 범죄율은 OECD 국가 중에서도 가장 높은 수치를 기록하고 있다. 국경 주변의 도로망은 여전히 열악하고 교육수준이나 의료 환경 등의 공공서비스 수준도 형편없다. 그래서 국경 검문소의 문이 열리는 아침 7시가 되면 미국 쪽으로 가려는 차량과 사람의 행렬이 줄을 잇는다. 목숨 걸고 담을 넘지 않아도 되는 사람들은 국경을 통과해 미국 쪽에서 일을 하고, 그곳에서 받는 월급으로 멕시코에서 훨씬 윤택한 생활을 할 수 있다.

　멕시코는 고대 도시문명 국가를 건설했던 인적자원이 많은 나라다. 넓은 국토에 세계 7위 규모의 석유 생산량을 자랑하고 있으며 은 1위, 형석 2위, 아연 8위 등 광물 자원도 풍부한 세계적인 자원 부국이다. 그런데도 2015년 기준으로 멕시코의 1인당 GDP는 1만 174달러로 미국의 1인당 GDP 5만 6,421달러에 훨씬 못 미치는 수준이다. 풍부한 자원을 가지고 있어도 부유한 나라로 발돋움하지 못하고 있다.

　그렇다면 도대체 무엇이 멕시코의 발목을 붙잡는 것일까? 그 답은

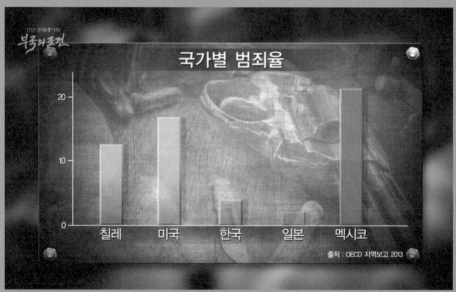

멕시코와 OECD 국가의 교육수준 및 범죄율 비교 그래프

부정부패가 난무하고 제대로 된 시스템이 없는 정부에 있다. 국제투명성기구가 발표한 글로벌 부패 척도에 따르면 멕시코는 가장 부패한 나라 중 하나다. '부패한 10인'으로 선정된 사람들은 집권당의 전 장관이거나 연방 상원의원 등 고위공직자가 대부분이다. 심지어 가장 청렴해야 할 판사의 절반 이상이 부패했을 정도다. 상황이 이렇다 보니 멕시코 국민에게 특권층은 부패의 상징으로 인식되며 정권이나 정치인들에 대한 신뢰가 전혀 없다.

이는 곧 미국과 멕시코의 운명을 결정짓는 주요한 요인 중 하나가 되었다. 같은 이름을 가진 두 도시의 운명이 결정적으로 달라진 이유이기도 하다.

경제를 죽이는 부정부패

미국 최대의 유통업체 월마트의 해외진출에서 멕시코는 성공사례로 꼽히는 나라 중 하나다. 월마트는 1991년 멕시코에 진출한 이후 급속한 확장세를 보이며 멕시코 내 소매업체의 매출에서 부동의 1위 자리를 차지하고 있었다. 그런데 2012년 4월 〈뉴욕 타임스〉의 기사 하나로 월마트 멕시코의 현지 주가가 단 하루 만에 12%나 폭락하는 사건이 발생했다.

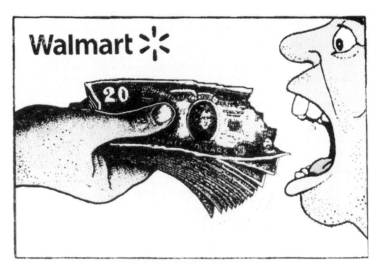

┃ 멕시코 시사만평가 페드로 란다의 만평. 월마트가 멕시코에 신규 매장을 설치하기 위해 멕시코 공무원에게 뇌물을 제공한 상황을 풍자했다.

　〈뉴욕 타임스〉가 터뜨린 기사는 월마트의 멕시코 지사가 신규 매장 설치인가를 받기 위해 멕시코 관리들에게 2,400만 달러의 뇌물을 제공했으며 본사는 이를 알고도 은폐했다는 내용이다. 미국은 1997년 해외거래부패방지법을 만들어 기업이 외국 관리들에게 뇌물을 주는 것을 엄격히 규제하고 있다. 이 때문에 월마트는 미 법무부 조사를 받았고, 이 일과 관련된 전·현직 임원들은 처벌을 면치 못하게 되었다. 그런데 놀라운 것은 미국에선 논란의 대상이 된 이 일이 멕시코에서는 그다지 특별한 일이 아니라는 데 있다.

페드로 란다
멕시코 〈라 파이넨시에로〉 시사만평가

월마트는 공무원들을 매수해서 전국적으로 월마트 지점 허가를 받아냈습니다. 제 그림이 말하는 것은 배고픈 공무원에게 달러를 먹여서 상황을 정리하는 거죠. 지금 멕시코 경제의 가장 큰 해악은 공무원들의 뇌물 수수입니다. 저는 부패라는 거대한 상어가 멕시코를 뒤집을 수도 있다고 봅니다.

2014년 국제투명성기구가 발표한 부패인식지수(CPI)에 의하면 멕시코는 100점 만점에 35점으로 174개국 중 103위에 불과하다. OECD 소속 34개국 중에서는 단연 꼴찌다.

멕시코는 행정 서비스 관련 부패가 무려 2억 건에 달하며 연간 뇌물 액은 2조 6,000억 원 규모에 이른다. 한 마디로 뒷돈 없이는 관공서에서 업무를 보는 게 불가능할 정도다. 위생검사를 하러 나온 보건 공무원이나 교통경찰, 기타 정부의 단속반이 들이닥쳤을 때 문제를 해결하는 가장 효율적인 방법은 조용히 뒷돈을 주는 것이다.

2012년에 월마트가 공무원들에게 뇌물을 주었던 것도 이 선상에 있다. 전국적으로 월마트 지점을 내려면 멕시코 정부의 허가가 필요한데, 그 허가를 받기 위해서는 공무원을 매수해 뇌물을 주어야 했다. 매장의 개장 시기를 앞당기는 데도 뇌물은 효과적인 수단이었다. 멕시코에서는 사업의 규모가 크든 작든 뇌물 없이는 어떤 일도 해결할 수 없다. 반대로 뇌물만 주면 어떤 문제라도 해결 가능하다.

에두아르도 보르케스
국제투명성기구 멕시코 본부 회장

경제성장 수준과 부패지수는 깊은 관계가 있습니다. 불평등에 대해 얘기하자면 부자와 가난한 사람들의 격차가 매우 큽니다. 빈부 격차도 부패와 관련이 있습니다. 공공자원을 잘못 사용하거나 탈세, 횡령 같은 부패는 결국 가난한 사람들에게 피해로 돌아옵니다.

이 같은 상황은 비단 사업하는 사람들에게만 해당되지 않는다. 부정부패 관행은 멕시코 국민들의 일상 곳곳에 숨어들어 있다. 이를테면 교통 법규를 어겼을 때 경찰에게 뇌물만 건네면 범칙금을 내지 않아도 된다. 실제로 안전벨트 미착용과 운전면허 미소지로 교통 법규를 위반한 운전자에게 경찰이 다가와 각각 10일 면허 정지와 3,000페소(약 20만 원)의 벌금을 물리겠다고 하는 경우가 있었는데, 운전자가 경찰에게 200페소를 은밀히 건네며 상황을 모면하는 것을 볼 수 있었다.

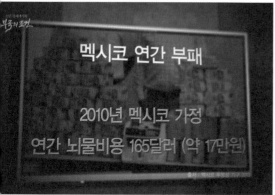

멕시코 가정에서는 연간 평균 약 165달러가 뇌물로 지출되는데 경찰이 벌금 대신 뇌물을 받는 것은 오래된 관행이다.

멕시코에서 사소한 법규 위반은 이런 식으로 경찰에게 몇 푼의 돈을 쥐여주는 것으로 끝낸다. 관공서 업무와 관련한 문제는 하급 관리들에게 적은 돈의 뇌물을 주는 것으로 해결할 수 있다. 이는 스페인 식민지 시절부터 내려온 고질적 문제로 스페인 사회에도 고착화되어 있다. 멕시코 사람들은 경미한 위법이나 그에 대한 적은 액수의 뇌물에 크게 개의치 않는다. 일반 가정에서 이렇게 나가는 뇌물만 한 해 평균 165달러에 이른다.

뇌물이란 힘없는 자가 자신보다 힘이 있는 자에게 주는 것이다. 그래서 조금이라도 더 많은 권력을 가진 자들은 점점 배가 부를 수밖에 없다. 반대로 그렇지 못한 사람들은 더 많은 착취를 당하게 된다. 그런데 이 같은 관행은 멕시코를 가난한 나라로 만든 근본적인 원인은 아니다. 뇌물을 비롯한 부정부패는 병든 사회를 수면으로 드러내는 증상에 불과할 뿐이지 핵심은 아니다.

오늘날 멕시코의 가장 큰 문제는 부정부패를 유발하는 사회제도와 정치적 상황에 있다. 오랜 세월 공생하는 권력이 된 정치와 독점 기업의 유착은 새로운 경쟁자의 시장 진입 자체를 어렵게 한다. 시장에서 활발한 경쟁을 보장해야 할 정치와 제도가 오히려 공정한 경쟁을 막고 있는 셈이다. 독점이 존재하는 경제체제는 독점권을 얻기 위해 모두가 뇌물을 주어야 하는 상황을 만들어낸다.

불법 마약 거래를 근절하지 못해 지하경제에서 오가는 거액의 뇌물 부정은 막대한 사회문제로 이어진다. 심지어 군부마저도 마약과 관련한 부패에 빠져 있을 정도지만, 부패를 방지하거나 척결할 법 집행이 효율적으로 시행되지 않는다. 이러한 현실은 멕시코가 넓은 토지와 풍부한 자원을 가지고서도 가난에서 벗어나지 못하게 한다.

대런 애쓰모글루
미국 MIT 경제학과 교수

뭔가 잘못된 점이 있는 겁니다. 미국이나 캐나다 경제보다 뒤떨어질 만한 문제가 국민들한테는 없습니다. 지형, 문화도 마찬가지고요. 멕시코 국민들이 경제적 기회를 박탈당하는 원인은 제도에 있습니다.

극단적인 양극화의 심화

한 광고 회사가 멕시코의 수도 멕시코시티를 찍은 사진 몇 장이 인터넷에서 화제가 된 적이 있다. 고급주택가가 늘어선 부자 동네 길 건너편에 빈민가가 빽빽하게 들어선 사진이다. 부자 동네와 가난한 동네의 극명한 대비로 중간지대는 없는 것처럼 보인다. 그런데 정말 놀라운 것은 부자 동네와 가난한 동네 사이를 가르는 높은 담장이다. 이 모습은 현재 멕시코의 양극화를 상징적으로 보여준다.

대부분 중남미 국가가 그러하듯 멕시코 역시 극단적인 빈부 격차에 시달리고 있다. 멕시코의 경제학자 제랄도 에스키벨이 조사한 빈부 격차 실태에 따르면 멕시코 국민 상위 10%가 국가 전체 부의 64.4%를 차지하고, 그중에서도 상위 1%가 국가 전체 수입의 21%를 가져가는 것으로 나타났다. 또한 카를로스 슬림을 포함한 멕시코의 4대 거부가 보유한 재산 규모는 멕시코 국민 수입의 3분의 1을 차지할 정도로 높은 수치를 기록한다.

반면, 전체 인구의 반에 가까운 5,330만 명이 빈곤층이고 1,700만 명은 최저 생계 수준에도 미치지 못한다. GDP 숫자로는 세계 13위의 경제 수준임에도 불구하고 소수를 제외한 대부분 사람들은 가난에서 벗어나지 못하고 있다.

그 결과의 하나로 매년 30만 명에 이르는 이들이 불법으로 미국 국경을 넘고 있다. 이 과정에서 많은 사람이 목숨을 빼앗기는 상황까지 발생했다. 극심한 빈부 격차는 죽음의 위험조차 감수하고 국경을 넘게 만들 정도로 한계점에 도달했다.

양극화 현상은 1994년 미국과 맺은 북미자유무역협정인 나프타(NAFTA)가 발효된 후 더 심화되었다. 당시 멕시코인들은 나프타가 경제성장의 발판이 되는 등 긍정적인 효과를 가져오리라 믿었다. 하지만 나프타 체결 후 2년간 '페소화 위기'를 겪게 되면서 실질 GDP가 6.2% 감소했고 50여 년 만에 최악의 경제하락이 찾아왔다. 그 과정에서 중소기업의 대규모 도산이 발생했고 대대적인 구조조정으로 실업률은 15.1%나 증가했다.

직장을 잃은 이들은 대부분 노점상으로 거리에 내몰렸다. 또한 농업의 쇠퇴로 농촌 주민의 3분의 1 이상이 고향을 떠나 도시빈민으로 살게 되었다. 그나마 실직을 피한 사람들 역시 최고 80%까지 떨어진 실질임금으로 생활해야 했다.

이러한 상황에서 가스, 물, 전기와 같은 생활필수 공공재와 식료품, 주택 등의 가격 상승으로 서민들의 삶은 더 팍팍해졌다. 특히 주택의 경우 멕시코시티에 있는 무허가 주택만 해도 2,700헥타르에 이른다. 무허가 주택이 이처럼 많은 이유는 집이 없거나 임대료를 내지 못하는 가난한 사람들이 직접 집을 지어 살고 있기 때문이다.

▌ GDP는 세계 13위이지만 멕시코 인구의 절반 이상은 빈곤층이며 많은 이들이 무허가 주택에
서 살고 있다.

어떤 사람들은 언덕 꼭대기에 집을 짓고 살기도 한다. 매우 경사진 땅은 집을 짓기에 적합하지 않다. 게다가 그런 땅에 지은 집은 부실공사인 데다 낙석과 폭풍 같은 자연재해의 위험에 고스란히 노출되어 있기 때문에 경사진 땅이 아니라 해도 사람이 살기에 적합한 환경은 아니다. 공공서비스인 쓰레기 수거 차량은 무허가 지역으로 들어가지 않을뿐더러 수도, 가스, 전기 등 기초생활에 필요한 에너지도 지원되지 않기 때문이다. 하지만 당장 살 곳이 없는 사람들에게 다른 선택은 없다.

좀 더 쾌적한 환경에서 생활하기 위해서는 일과 먹고살기에 적당한 수준의 임금이 필요하다. 하지만 멕시코는 실업률이 매우 높은 나라여서 일하고 싶어도 일할 수 있는 환경이 조성되어 있지 않다. 특히 청년 실업률이 매우 높은데, 멕시코 통계청 발표에 따르면 30세 이하 청년층의 실업률이 40%에 육박할 정도다.

나프타 체결 당시 카를로스 살리나스 대통령은 나프타로 인해 멕시코에 훨씬 많은 일자리가 창출될 것이며 임금이 높아지고 삶의 질이 개선될 것이라 했지만, 막상 뚜껑을 열었을 때는 몇몇 재벌 기업과 상위 10% 사람들의 재산 증식만 이루어졌다. 의료, 연금 등의 사회보장 혜택을 받는 사람도 전체 인구의 10분의 1 정도밖에 되지 않았다.

소수의 재벌이 부를 독식하다

〈포브스〉에서 선정한 2015년 세계 부자 순위에서 1위를 차지한 인물은 빌 게이츠다. 그 뒤를 이은 사람은 멕시코의 대표적인 기업가 카를로스 슬림이다. 카를로스 슬림은 2010년부터 2013년까지 빌 게이츠를 제치고 4년 연속 1위의 자리를 차지한 적도 있다. 그가 세계 부자 순위에 심심찮게 이름을 올리게 된 것은 불과 20년도 채 되지 않는다.

1위를 차지한 빌 게이츠는 물론이고 3위를 차지한 워런 버핏 또한 세계가 익히 알고 있는 인물인 반면 멕시코의 카를로스 슬림은 어느 날 갑자기 세계에서 가장 부유한 사람 중 하나로 사람들의 입에 오

▌멕시코의 경제 대통령이라 불리는 카를로스 슬림은 2010년부터 2013년까지 연속 4년 동안 빌 게이츠를 제치고 〈포브스〉 선정 세계 부자 1위를 차지했다.

르내리기 시작했다. 그래서 그는 세계 부자들 가운데 연간 부의 증가 폭이 가장 높은 사람이기도 하다.

카를로스 슬림은 어떻게 그 짧은 시간에 어마어마한 부를 획득하게 되었을까?

가장 큰 이유는 멕시코 내에서의 독점적인 시장 점유율에 있다. 그가 독점한 분야는 금융업, 건설업, 유통, 담배, 레스토랑 체인 등 사람들이 살면서 이용하는 대부분의 서비스 산업에 걸쳐 있다. "멕시코인이라면 단 하루도 슬림의 돈이 불어나는 일을 하지 않는 날이 없다"는 말을 농담처럼 할 정도로 멕시코인들은 그가 소유하거나 관계된 기업의 물건과 서비스를 사용한다. 그가 소유한 기업의 핸드폰을 쓰고, 그의 소유한 가게에서 물건을 사고, 그가 소유한 식당에서 밥을 먹는다.

하지만 서비스의 질을 기대하기는 힘들다. 다른 기업과 경쟁이 없으니 비싼 비용을 지불하면서도 질 낮은 서비스를 제공받는 경우가 많다. 기업 민원실에 항의 글을 올려도 개선되지 않는다. 멕시코는 아직까지 소비자가 자신의 권리를 요구하는 문화가 정착되어 있지 않은 데다 독점 기업도 굳이 개선의 필요를 느끼지 못한다. 싫든 좋든 소비자는 카를로스 슬림이 만들어내는 것들을 소비한다. 이 때문에 그는 '멕시코의 경제 대통령'으로 불리기도 한다. 이를 증명하듯 멕시코 GDP의 5%는 그가 지배하고 있는 산업에서 발생한다. 한때는

GDP의 11%를 차지한 적도 있을 정도다.

이처럼 멕시코 시장에서 독점적 지위를 유지하고 있는 카를로스 슬림의 기반이 되어준 것은 통신 분야였다. 1990년 이전 멕시코의 통신 시장은 국영기업인 아메리카 모빌이 장악하고 있었다. 별다른 경쟁 상대가 없었던 아메리카 모빌은 독과점으로 높은 통신비, 질 낮은 서비스로 악명을 떨쳤다. 그러자 살리나스 대통령은 아메리카 모빌의 자회사인 텔멕스를 민영화해 다른 사기업과의 경쟁을 통해 국민들의 통신비 부담을 줄이고 일자리 창출의 효과를 보려 했다. 하지만 그 결과는 전혀 예상치 못한 방향으로 흘러갔다. 텔멕스를 매입한 카를로스 슬림이 독과점으로 통신 시장을 장악해버린 것이다. 국영기업에서

▎카를로스 슬림의 회사 텔멕스는 멕시코 통신 시장을 독과점하고 있다.

민영기업으로 바뀌었을 뿐 독과점이라는 사실엔 변화가 없었다.

텔멕스의 독점이 가능했던 이유는 다른 기업의 진입과 외국인 투자를 막은 정치계의 힘 때문이다. 텔멕스는 정치계가 이러한 힘을 발휘할 수 있도록 오랜 시간 많은 뒷돈을 대주었다. 후발 주자로 통신시장에 뛰어든 통신사들이 3개나 있었지만 유선전화 시장의 80%, 무선전화 시장의 70%를 이미 텔멕스가 장악한 상황에서 시장의 판도를 바꾸기는 역부족이었다. 이미 텔멕스가 멕시코 전역의 통신망에 광범위하고 강한 기반시설을 구축하고 있기 때문이다. 후발 주자로 나선 기업이 공정한 경쟁을 하기 힘든 시스템인 것이다.

대런 애쓰모글루
미국 MIT 경제학과 교수

멕시코의 경제제도는 기업가들이 능력을 충분히 발휘할 수 있는 공정한 경쟁의 장을 만들지 않고 있습니다. 커넥션이 훨씬 중요하죠. 누구를 알고 누구와 연결되어 있는지, 누구와 협상할 수 있는지가 경제적으로 성공하는 데 다른 조건보다 훨씬 더 중요합니다.

그나마 텔멕스에 가장 도전적인 통신 회사는 텔레포니카다. 하지만 텔레포니카는 외국 기업이라는 이유만으로 투자 유치와 경쟁에서 어려움을 겪고 있다. 그들은 텔멕스가 공정하지 못한 경쟁을 하고 있음을 지적하지만 그 비판이 도통 먹히지 않는다. 게다가 더 큰 문제는 텔레포니카 역시 경쟁에 필요한 투자에 게으르다는 데 있다. 대여 가능한 지역까지만 통신망을 설치하고 농촌 지역은 진입하지 않는 식이다. 텔멕스가 설치한 통신망에 대여료를 지불하면서 서비스 지역을 넓힐 의사도 없다.

텔멕스의 독주로 멕시코의 통신요금은 세계에서 가장 비싼 편이며 서비스의 질 또한 개선의 여지가 없다. OECD 통신 보고서에 따르면 비싼 통신요금으로 인해 멕시코 경제 전체가 입는 피해액은 137조 원에 달하는 것으로 추산된다.

미리암 포사다
멕시코 〈라 호르나다〉 기자

멕시코에는 약 1억 2,000만 대의 이동통신 기기가 있습니다. 이 중 70%인 대략 8,000만 대가 슬림 회사의 소유입니다. 회사는 4개지만 사실상 시장을 조종하는 회사는 하나입니다. 가격 경쟁이 없어서 대중들을 상대로 가격을 인상하니 전화요금이 비싸질 수밖에 없죠.

텔멕스의 독점은 공정한 기회와 경쟁을 막아 중소기업의 성장을 방해하는 부정적인 측면이 강하다. 더군다나 그 피해는 고스란히 소비자들의 몫이다. 멕시코 국민들은 지나치게 비싼 통신비용을 지불함으로써 가계 경제에 부담을 가지게 된다. 그럼에도 소비자들에겐 별다른 선택권이 없다. 통신 전파가 약해 통화 중 끊어지거나 아예 걸리지 않는 상황이 계속 발생해도 울며 겨자 먹기로 텔멕스를 사용한다. 다른 통신 회사 역시 텔멕스만큼이나 질 나쁜 서비스를 제공하고 있는 실정이다.

2012년 12월 대통령으로 당선된 엔리케 페냐 니에토는 취임식에서 "내 목표는 경제성장과 일자리 창출, 빈곤 퇴치다. 멕시코의 변화를 위해 독과점 기업부터 해체하겠다"며 통신 시장 독점을 겨냥한 말을 남겼다.

이러한 현실을 타파하고자 엔리케 페냐 니에토 정부는 2013년 통신법을 개편했다. 개편된 통신법은 전화, 인터넷, TV 분야에서 어느 기업이든 시장 점유율이 50%를 넘지 못하도록 엄격하게 규제를 가하는 내용이 담겨 있다. 이는 통신 시장을 주도하는 대기업, 그중에서도 특히 텔멕스의 독과점을 염두에 둔 개혁안이다. 외국 투자의 길을 열어 텔멕스가 긴장하고 더 나은 서비스를 제공할 수 있게 하려는 의도가 깔려 있다. 실제로 카를로스 슬림은 개혁을 앞두고 통신 시장의 점유율을 50% 이하로 낮추기 위해 자산을 매각하기도 했다.

하지만 통신 시장 개편에도 불구하고 텔멕스는 여전히 시장의

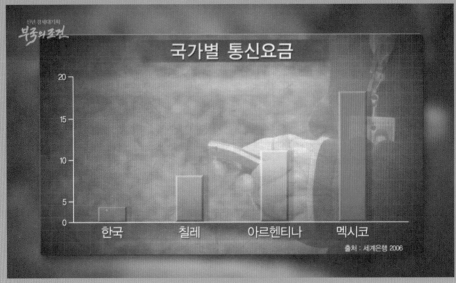

국가별 통신요금

한국　　　칠레　　　아르헨티나　　　멕시코

출처 : 세계은행 2006

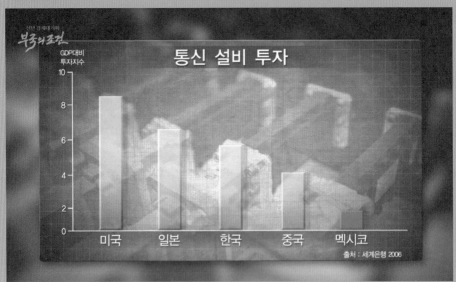

통신 설비 투자

GDP대비
투자지수

미국　　　일본　　　한국　　　중국　　　멕시코

출처 : 세계은행 2006

텔멕스가 시장을 조종하고 있는 멕시코는 OECD 국가 중 통신비가 가장 비싼 나라인 반면 통신 설비 투자 비율은 꼴찌로 서비스는 가장 나쁜 나라다.

70%를 장악하고 있으며, 카를로스 슬림이 거느린 수많은 업종의 회사들은 멕시코인의 일상에 깊숙이 스며들어 있다.

독과점, 정경유착, 기업 부패 등의 현실은 아주 오랫동안 멕시코 사회에 뿌리내리고 있었다. 이 같은 상황을 바꾸자면 정치권의 강한 의지와 대대적인 정책 변화가 필요하다. 그런데 엔리케 페냐 니에토 정부의 독점 철폐 계획은 정부가 정말로 독점 기업에 칼을 들이댈 의지가 있는지에 의문이 따랐다. 이런 의문이 생길 수밖에 없는 이유는 독점방지법에 필요한 규제 계획이 구체적이지 않고 그 강도 또한 높지 않았기 때문이다.

특권층을 위해 존재하는 정부

"6년마다 한 명의 신이 탄생한다."

이는 멕시코 대통령을 두고 하는 말이다. 2006년 펠리페 칼데론이 멕시코 대통령으로 선출되었을 때 부정선거에 항의하는 시민들의 대규모 시위가 계속됐다. 하지만 대통령 당선자는 그의 힘이 되어준 제도혁명당의 권력자들, 선거자금을 댔던 20대 재벌 가문 사람들과 그들만의 축하파티에 여념이 없었다. 재벌 가문의 사람들 중엔 통신재벌 카를로스 슬림도 있었다. 그는 멕시코 재계의 제왕으로 불리지만 실제로는 정치까지도 좌우하는 권력의 중심에 서 있다. 그는 배후에서 선거를 조종하며 그의 이익을 위해 움직일 수 있는 대통령을 간택한다.

마리오 리베로
멕시코 독립 다큐멘터리 프로듀서

통신재벌 카를로스 슬림은 멕시코 민주주의를 지휘하는 사람입니다. 그는 유력 정치인들을 고성으로 초대해 회의를 하곤 합니다. 2006년 대선 전에도 유력 의원들을 모아 정치자금을 주는 대신에 이들이 이행해야 할 공약 리스트를 전달했습니다. 당시 대선 후보인 칼데론 대통령과 제도혁명당 대선 후보는 슬림 회장의 초대에 응했습니다.

멕시코의 부패한 정치권과 선거를 배후조종하는 경제재벌의 유착은 국가의 권력을 소수가 독점하는 현실을 만들었다. 그럼에도 2006년 대통령 선거 때 멕시코 국민들은 일말의 기대를 가지고 있었다. 선거로 정치를 바꿀 수 있으며 더 나은 세상을 만들 수 있으리라는 기대였다. 하지만 선거는 국민들의 기대와 달리 부정부패로 점철되었고, 그에 대항해 항의시위를 벌였지만 아무것도 달라지지 않았다.

결국 2006년 사기극 이후 많은 멕시코 국민들은 선거로 정치를 바꿀 수 있다는 기대를 버리게 되었다. 그들의 정부가 국민을 위해 일하기보다 특권층의 이익을 위해 일한다는 걸 뼈저리게 깨달았기 때문이다.

이제 멕시코 국민들은 자국의 풍부한 자원이 투명하게 사용되거나

▌ 2006년 대통령 선거 후 거리에선 부정선거로 시위가 벌어졌지만 정치권력과 재계 인사들은 그들만의 축하파티를 열었다.

분배된다고 생각하지 않는다. 소수 특권층이 공정한 기회와 경쟁을 막고 그들에게 유리한 방식으로 제도를 움직이기 때문이다. 이로 인한 결과는 불 보듯 뻔하다. 효과적인 경쟁은 사라지고 독점이 재벌의 배를 채운다. 경제성장은 발목을 붙잡히고 국민들의 살림살이는 더 나빠질 뿐이다. 하지만 경제 권력과 정치권력으로 단합한 특권층은 거짓 가면을 쓰고 국민들에게 밝은 미래를 제공하겠다고 약속한다. 칼데론은 대통령 취임식에서 이렇게 말했다.

"헌법을 준수할 것을 선언합니다. 공화국의 대통령으로 온 마음을 다해 조국에 헌신할 것을 다짐합니다. 만약 제가 이 약속을 지키지 않는다면 나라가 제게 명령하십시오."

하지만 축하파티에 참석한 정계와 경제계 관계자들은 그의 약속이 제대로 지켜지리라 생각하지 않았을 것이다. 그것은 부정선거에 항의하며 거리로 나온 시민들도 마찬가지다. 대통령 취임식은 많은 이가 축하하는 국가 행사지만, 특권층이 그들을 만족시킬 신을 뽑는 것으로 끝이 났다.

돌로레스 파디에르나 루나
멕시코 상원의원

주요 재벌과 경제 특권층이 규제 기관장들을 임명하고 대통령을 선출하고 국회의원을 뽑죠. 그들이 국가이자 정부나 다름없어요. 그렇기 때문에 공공기관이 그들을 위해 일하는 거죠.

범죄 조직과 결탁한 정치

2016년 새해 멕시코의 모렐로스주 테믹스코에선 기셀라 모타 시장의 취임식이 있었다. 하지만 그녀는 바로 다음 날 새벽 자택에 침입한 무장 괴한들에게 살해당하는 비극을 겪어야 했다. 이 사건은 매우 끔찍하지만 멕시코 사회에서 그리 특이한 일은 아니다. 멕시코에서는 지난 10년간 100명의 시장과 1,000명의 지방정부 관리가 암살되었거나 암살 목표에 올라 있다.

정치인들을 암살한 이들은 대체로 그 지역의 범죄 조직이다. 이들은 주로 마약을 밀거래하면서 세력을 유지하거나 넓히는데, 그것에 반하는 정치인이 나타나면 협박과 살해를 일삼는다. 마약 조직원들이 기셀라 모타 시장을 살해한 이유는 그녀가 단순히 마약 범죄 척결의 의지를 다졌기 때문만은 아니다. 그녀를 통해 다른 시장들에게도 경고성 메시지를 보낸 것이다. 만일 당신이 우리 조직과 협력하지 않으면 같은 일을 당할 수도 있다는 메시지는 고착화된 부패를 끊어내려는 몇몇 정치인들의 의지까지도 꺾어버린다.

그런데 더 큰 문제는 정치권이 이러한 범죄 조직과 결탁되어 있다는 사실이다. 한 예로 2014년 9월에 멕시코 게레로 주 이괄라에서 시위 중이던 대학생 43명이 실종된 사건이 발생했는데, 멕시코 정부는 실종된 학생들이 갱단으로 오해받아 다른 경쟁 갱단에 의해 살해됐고 사체는 모두 불태워져 인근 강에 버려졌다고 수사 결과를 발표했다. 하지만 사람들은 의혹을 제기하며 진상 규명을 요구하는 대규모 시위를 아직도 이어오고 있다.

이 사건의 배경에는 이괄라 시장이었던 호세 루이스 아바르카가 있었다. 그는 사건 당일 부인의 저녁 파티 연설이 방해받을까 경찰에 학생 시위 진압을 지시했고, 지시를 받은 경찰은 유착 관계가 있는 지역 갱단에 맡겨 학생들을 처참하게 살해했다.

이처럼 멕시코에서는 범죄 조직이 정치인을 죽이는 일도 잦지만, 정치인이 범죄 조직과 결탁해 자신의 이익을 챙기는 일도 비일비재하다.

멕시코의 범죄 조직은 흔히 마약 카르텔로 악명을 떨친다. 1990년대 콜롬비아의 마약 조직이 무너지면서 멕시코는 마약 주 수출국으로 떠오르게 되었다. 당시 마약 카르텔의 근원지는 사법부 연방 경찰 미겔 앙헬 펠릭스 가야르도였다. 이후 이들은 점조직으로 멕시코 사회 곳곳에 뿌리 깊게 안착했다.

2006년 멕시코 정부는 마약과의 전쟁을 선언하고 단속을 강화했지만 상황은 전혀 나아지지 않았다. 오히려 마약 근절을 공약으로 내거는 정치인이 살해의 위험에 처하거나 살해되었을 뿐이다.

마약 범죄 조직이 근절되기 어려운 이유는 정치권과의 부당거래가 횡횡하고 있기 때문이다. 부패한 관리들은 마약 카르텔과 결탁해 그들의 이익을 챙기고, 마약 카르텔은 자신들의 세력을 안전하게 확보한다. 특히 마약 카르텔과 지역 경찰관의 결탁은 심각한 실정이다. 멕시코의 지방 경찰 중 70%가 마약 조직과 관련된 것으로 드러났을 정도다.

2006년 마약과의 전쟁이 실패로 돌아가자 집권당이었던 제도혁명당은 국민들의 신뢰를 잃게 되었지만, 제도혁명당의 차세대 후보였던 엔리케 페냐 니에토는 결단력과 참신한 이미지로 정권을 잡을 수 있었다. 그 역시 마약 조직 소탕에 의지를 보였지만 중앙정부, 지방정부 모두 범죄 척결에 소극적이라는 평가를 받고 있을 뿐이다.

지역사회에 뿌리 깊게 자리 잡은 마약 조직을 근절하려면 지방의원, 지방 경찰 등의 협조가 필요하다. 하지만 이미 마약 조직과의 결탁으로 부패한 관리들은 그럴 의지 자체가 없다. 군과 경찰, 심지어 정부요인까지 협박과 뇌물 등으로 상당수가 포섭되어 있는 실정이라 마약과의 전쟁은 요원한 일이 될 수밖에 없다.

Chapter 2

스페인에 의해 시작된 착취의 역사

스페인군의 피의 정복

현재 멕시코는 몇몇 재벌만이 부를 독식하고 있으며 국민의 절반 이상은 빈곤층으로 지내고 있다. 극심한 양극화가 고착된 상태여서 앞으로도 나아질 기미가 보이지 않는다. 바로 옆에 국경을 둔 미국과는 확연히 다른 현실이다. 낙후된 정치 구조와 부정부패, 준비되지 않은 상태에서 체결한 나프타 등이 오늘날의 멕시코를 만든 큰 원인이 되었다.

이 같은 원인을 제공한 배경에는 식민지 시대의 제도를 기반으로 만들어진 불공정한 환경이 있다. 스페인의 식민지였던 멕시코는 아직도

▌유럽의 식민지 시절 멕시코는 스페인의 식민지로, 미국은 영국의 식민지로 지배를 받았고 그
것이 지금 두 나라 간 부의 차이를 만드는 계기가 되었다. (그림 속 GDP는 2013년 기준)

식민지 시대의 제도가 사회의 다양한 분야와 경제에 영향을 주고 있다. 정경유착, 노동 착취, 복지의 부재 등을 유발하는 제도는 멕시코 경제의 걸림돌이 되었을 뿐 아니라 다양한 분야에서 발전을 저해하는 요소로 작용했다.

오늘날 역사가들은 근대 유럽이 경제성장을 일으킬 수 있었던 배경 중 하나로 식민지 경영을 꼽고 있다. 유럽의 많은 나라들은 아프리카, 중동, 아시아 등으로 군대를 보내 그곳의 자원을 약탈해갔으며 원주민들을 자국으로 데려가 노예로 삼기도 했다. 특히 스페인은 1519년에 남아메리카로 원정대를 보냈는데, 그들은 남아메리카에 도착하자 곧장 테노치티틀란(지금의 멕시코시티)으로 향했다. 그리고 그곳에서 풍요로운 아스테카 문명을 목격하게 된다.

아스테카 문명은 13세기부터 스페인 침입 직전까지 멕시코 중앙고원에 발달한 중남미의 3대 고대문명 중 하나로 정교한 역법이나 건축물 등에서 수준 높은 문화를 이루고 있었다.

아스텍인들은 스페인 왕의 칙서를 들고 간 에르난 코르테스와 그 일행들을 환영했다. 그들은 스페인 원정대를 날개가 달린 뱀의 형상을 한 고대 멕시코의 신 '케찰코아틀(Quetzalcohuátl)'로 여긴 것이다. 뱀은 땅의 권력을 뜻하고 날개는 하늘의 권위를 나타낸다. 아스텍인들은 케찰코아틀이 세상 사람이 살아가는 데 필요한 기술, 예를 들어 옥수수 키우는 법이나 베 짜는 법, 시간을 알아내는 법 등을 가르쳤다고 믿었다. 케찰코아틀은 풍요와 평화의 신으로 알려졌으나, 전쟁의 신의 음모로 인해 세상으로부터 쫓겨나는 시련을 겪고 말았다. 하지만 아스텍인들은 언젠가 그가 돌아온다는 전설을 믿었다. 전설은 케찰코아틀이 떠나기 전 "다시 돌아오겠다"는 말을 남긴 것까지 전했다.

아스텍인들에게 수염을 가진 데다 철갑옷을 두른 스페인 원정대는 그야말로 케찰코아틀의 현신처럼 보였고, 정말 전설 속의 신이 다시 돌아왔다고 여겼다. 심지어 그들은 케찰코아틀을 상징하는 십자가까지 들고 있었다. 금과 은으로 치장한 아스텍의 왕 몬테수마 2세 또한 스페인 원정대가 신의 현신임을 의심치 않았다. 이런 이유로 스페인 원정대는 외부인이 들어가기 어려운 요새였던 아스텍으로 쉽게 발을 들일 수 있었다.

사실 스페인 원정대의 목적은 친선이 아니었다. 그들은 총과 갑옷으로 무장해 아스텍을 공격하기 시작했다. 아스텍인들은 그에 맞서 싸웠지만 전투력에서 엄청난 차이가 났다. 일단 스페인 쪽의 무기가 월등했으며 전술 또한 아스텍을 넘어섰다.

당시 아스텍은 다른 부족과의 싸움에서 '꽃 전쟁'이라고 불리는 전술을 주로 사용했다. '꽃 전쟁'은 전력을 다해 상대방을 죽이기보다 부상을 입혀 포로로 잡는 것을 목표로 화살촉이나 무기를 무디게 하여 공격하는 것이다. 포로를 산 채로 잡으면 인신 공양의 제물로

'멕시코의 역사'
— 디에고 리베라

▌디에고 리베라의 벽화 '멕시코의 역사' 중 일부. 왕의 칙서를 들고 간 스페인 원정대의 목적은 친선이 아니었다. 총과 갑옷으로 무장한 스페인군은 왕을 죽이고 새로운 주인이 되었다.

바칠 수도 있고 노예로 삼아 노역을 시킬 수도 있기 때문이다.

하지만 스페인군과의 전투에서는 '꽃 전쟁' 전술은 무용하다는 것을 깨달았다. 그들은 이전과는 다른 공격적인 전술로 돌아서야 했으며, 스페인군에게서 탈취한 무기를 사용하기도 했다. 하지만 총을 가지고 있으며 잘 훈련된 스페인군을 상대하는 건 역부족이었다. 게다가 스페인군이 들어오면서 천연두가 퍼지는 바람에 수많은 원주민이 죽어갔다. 결국 원정대의 수장이었던 에르난 코르테스는 원래 왕이었던 몬테수마 2세를 죽이고 원주민들의 새로운 주인으로 등극했다. 인구 30만의 대도시였던 아스텍이 단 500명의 스페인군에게 무릎 꿇게 된 것이다.

파괴된 문명과 노예제도

스페인은 정복전쟁에서 승리를 거둔 후 장장 300여 년 동안 멕시코의 주인 행세를 했다. 그들은 원주민을 노예로 만들거나 금은을 캐기 위한 강제노역에 동원했다. 그렇게 채취한 금은은 모두 스페인으로 보냈다. 덕분에 16세기 말 스페인은 세계 금은 총생산의 80%를 차지하게 되었다. 지금도 은 특산품으로 유명한 탁스코는 은 광맥이 땅 위에 드러나 있을 정도로 천혜의 산지였다. 원주민은 오래전부터 이곳에서 은을 채취해 장신구를 만들어왔다. 하지만 스페인이 광산을 개발한 뒤 금은은 모두 스페인 차지가 되어버렸고, 수많은 원주민이 자신의 땅에서 착취와 수탈 속에 살다 죽어갔다.

로베르 플로레스 바이나
멕시코 탁스코 시 연방 가이드

광산 안에는 건강에 굉장히 해로운 가스와 산이 흔했는데 이를 호흡
하는 것은 광부들의 일상이었습니다. 원주민들은 노예였기 때문에
제대로 먹지도 못했습니다. 그래서 많은 원주민이 이 광산 안에서
생을 마감했죠.

당시 아스테카 문명은 정복자들조차 감탄을 자아낼 정도로 아름
다웠으며 질서정연했다. 정복자 코르테스는 아스테카 문명에 대해
이 같은 기록을 남기기도 했다.

"그들의 생활엔 질서가 있다. 하느님을 알지 못하는 야만족이 십
자가와 접촉 없이 이런 문명을 세웠다니 감탄을 금할 수 없다."

마요르 대신전

▌ 가톨릭 외 모든 우상숭배를 죄악으로 여긴 스페인 정복자들은 신전을 허물고 그 돌로 대성당
을 지었다.

가톨릭 신자였던 코르테스는 가톨릭 외 모든 우상숭배는 죄악이라고 여겼기 때문에 그의 눈에 아스텍인은 우상을 숨기고 있는 야만인에 불과했다. 특히나 산 사람을 신전의 제물로 바치는 인신 공양 관습은 그러한 시각을 더 단단하게 만들었다. 야만적인 관습을 가지고 있기는 했지만, 아스텍은 계급마다 의무 교역을 한 최초의 나라였다. 또한 공을 세우면 얼마든지 신분상승이 가능했고, 집집마다 자물쇠를 잠글 필요가 없을 정도로 치안이 좋았다.

하지만 아스테카 문화가 야만이라는 이유로 스페인 정복자들은 아스테카 문명을 철저하게 파괴하기 시작했다. 도시 곳곳의 신전과 대부분 건물을 허물어버렸다. 신전이 있던 자리에는 신전을 허문 돌로 대성당을 세웠고, 폐허가 된 땅에는 스페인 정복자들의 호화로운 별장이나 주택, 관공서를 만들었다. 인류의 마지막 고대문명이라 불리는 도시는 그렇게 본 모습을 감추었다.

▎정복자들에 의해 인류의 마지막 고대문명은 철저히 파괴되었다.

스페인 정복자들은 식민지의 경제발전에 전혀 관심을 기울이지 않았다. 그들이 식민지에서 원했던 것은 오로지 값비싼 귀금속과 노예뿐이었다. 그러한 이유로 제조업을 금지해 경제발전의 뿌리를 잘랐을 뿐 아니라, 식민지 간의 무역도 허락하지 않았다.

스페인의 이 같은 정책은 식민지 경제를 무너뜨렸고 결과적으로 그들 자신에게도 결코 바람직한 일은 아니었다. 후발 주자로 나선 유럽의 다른 나라들이 식민지 경제를 발전시켜 황금알을 낳는 거위로 만든 반면, 스페인은 그 거위의 목을 잘라 버리는 바람에 황금알을 주기적으로 받아먹을 수 없게 되었다. 이는 곧 스페인이 식민지를 가진 다른 유럽 국가들보다 경제적으로 뒤처지는 결과로 이어졌다.

라파엘 리오스 차고야
멕시코 역사 연구위원

스페인 제국 부의 원천은 엥코미엔다(노예) 제도였습니다. 원주민들을 강제노역시켜 오늘날에도 남아 있는 건물을 지었습니다. 노예제도는 한 사람의 소유 하에 원주민을 배분하고 노예로 만드는 제도였습니다. 노예들은 동물처럼 인두로 J라는 글씨가 뺨에 새겨졌죠.

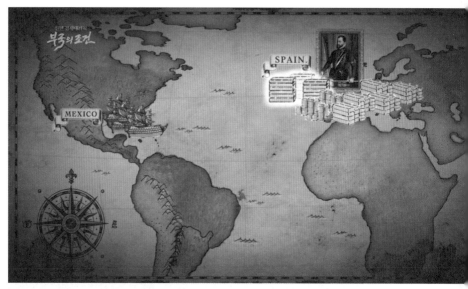

| 원주민 노예들을 착취해 모은 금은은 끊임없이 스페인으로 보내졌다.

특권층으로 군림한 스페인

　　　　　　　　　아스테카 제국의 수도는 오늘날 멕시코의 수도인 멕시코시티였다. 도시국가 형태로 각 도시마다 왕이 있었으며 중앙정부가 직간접적으로 통치하는 형태를 띠었다. 도시국가들은 제국에 조공을 바쳤고, 제국의 허락 아래에서만 자치권을 행사할 수 있었다. 또한 아스테카 제국은 왕과 귀족, 서민, 노예 등 신분이 명확한 계급사회였다. 대부분의 토지는 왕족이나 귀족의

디에고 리베라의 벽화 '멕시코의 역사' 중 일부. 스페인의 지배하에 아스텍의 수많은 원주민은 노예가 되어 강제노역에 동원되었고 착취와 수탈 속에 살다 죽어갔다.

전유물이었으며 그들의 토지를 경작하는 농민은 전 인구의 20%밖에 되지 않았다. 그 외의 구성원들은 종이나 노예였다.

스페인 정복자들은 식민지화 정책에서 바로 이 제도를 고스란히 도입했다. 계급제도를 확고히 했으며 정복자나 소수의 엘리트층에만 토지를 무상으로 나누어주고 그 외 대다수의 사람들은 강제노동에 동원했다.

권력 또한 불평등하게 분배되어 모든 분야에서 스페인 정복자들의 통제 아래 놓이게 되었다. 정복자들은 식민지에서 특권층으로 군림하며 아스텍 사람들을 종이나 노예로 부렸다. 그들은 자신의 부를 축적하기 위해 혹은 왕의 금고를 채우기 위해 아스텍인들을 노동에 동원했으며, 자신들이 대부분의 부를 누리는 것을 당연시했다.

많은 이들의 희생을 바탕으로 소수의 특권층만이 군림하도록 설계된 제도는 수백 년간 이어져 오늘날 멕시코에 그대로 답습되었다. 여전히 몇몇 특권층만이 권력을 가지고 있으며, 인맥과 편법에 의해 결정되는 경제는 공정한 경쟁의 장을 마련하지 못하고 있다. 이는 멕시코 사회의 발전과 경제성장을 저해하는 큰 걸림돌이 되고 말았다.

Chapter 3

포용적인 제도를
취한 영국

버려진 땅에 도착한 영국 정착민

　　　　　　앞장에서 살펴본 것처럼 스페인은
식민지 멕시코의 장기적 성장에는 전혀 관심을 두지 않았다. 그들은
오로지 피의 정복과 수탈로 멕시코를 초토화시키는 데만 몰두했다.
반면 17세기 초 신대륙으로 진출한 영국은 정복자로서 위치를 점하
기보다 현지에 적응하는 과정을 거쳤다.

　유럽의 대항해 시대가 시작되었던 16세기만 해도 영국은 유럽에
서도 그다지 국력이 강한 나라가 아니었다. 당시 스페인을 비롯한 유
럽의 강대국들은 우수한 항해술과 군사력을 바탕으로 신항로 개척,

탐험, 무역 등에서 활발한 활동을 펼쳤다. 이는 곧 유럽이 해양을 중심으로 제국주의 야욕을 적나라하게 드러내는 시기이기도 했다. 유럽인들에겐 모험이자 영토 확장, 부의 축적으로 이어지는 길이었지만 그들의 정복 대상이었던 아시아, 아메리카, 아프리카 대륙의 사람들에겐 지독한 고통의 시간으로 돌입하는 시간이었다.

영국 역시 다른 유럽 국가와 마찬가지로 식민지 건설에 야욕을 가지고 있었다. 하지만 이미 플로리다와 멕시코를 통해 아메리카 대륙을 점령하다시피 한 스페인과 달리 1562년에 북아메리카의 해안선을 항해하는 수준에 머물렀다. 이후에도 수차례 식민지 개척을 시도했으나 번번이 실패로 끝났다.

초창기 북아메리카로 간 원정대는 그들이 들고 간 식량과 물이 떨어지면 원주민을 졸라 음식을 구하거나 힘으로 음식을 빼앗는 일을 자행했다. 그런 와중에 천연두와 홍역까지 돌자 원주민을 죽이기 시작했다. 급격하게 사이가 나빠진 영국인 원정대와 원주민은 잦은 전투를 하게 되었지만, 본국인 영국에서 보내는 보급선은 늦어지기만 했다. 결국 이 시기의 영국은 식민지 건설의 발판을 만드는 데 실패하고 말았다.

영국은 이후 꽤 많은 시간이 지난 1607년에야 북아메리카의 버지니아 주 체서피크 만에 다시 원정대를 보냈다. 하지만 그들이 도착한 곳의 상황은 좋지 않았다. 춥고 척박한 땅이었다. 자국에서 가져온 식량과 물도 얼마 지나지지 않아 떨어졌다. 그렇다고 딱히 먹을거리를 구할 수 있는 것도 아니었기에 혹독한 배고픔에 시달려야 했다. 그들은 스스로 식량을 구하기 위해 일을 했지만 단 2년 만에 200명이 넘는 이주민들이 굶주림과 병에 시달리다 죽어갔다. 모든 상황이 어려웠지만 곳곳에 흩어져 사는 인디언 부족들과 상대하는 것도 결코 만만한 일은 아니었다.

대런 애쓰모글루
미국 MIT 경제학과 교수

유럽인들이 미국을 정복하기 시작했을 때 미국 식민지는 사실 훨씬 더 열악했습니다. 스페인이 미국을 식민지화하지 않았던 유일한 이유는 척박한 땅이라서 아무런 쓸모가 없다고 생각했기 때문입니다.

결국 개척자들은 자신들이 살아남기 위해서는 원주민과 타협이 필요함을 깨달았다. 그들은 원주민과 관계를 개선하고자 노력했으며 어느 정도 관계가 회복된 후에는 교역을 시작했다. 영국인들은 원주민들에게 수십 개의 도끼를 주고 원주민들은 영국인들에게 옥수수로 가득 찬 커다란 바구니 수백 개를 주는 식이었다. 대규모로 이루어진 이 교역은 두 집단을 다 만족시켰다.

┃ 미국에 도착한 영국인들은 척박한 땅에서 살아남기 위해 스스로 일을 하고 원주민과 교역을
　해야만 했다.

　일방적으로 착취하던 스페인 정복자들과는 달리 영국인들은 개척을 위해 모두가 일을 하고 먹을 것을 인디언과 바꾸는 등 서서히 스스로 공동체와 규율을 만들어갔다.

　1607년은 영국에 중요한 의미를 지닌다. 바로 공식적으로 영국인의 미국 이주 역사가 시작된 해이기 때문이다. 이전의 모든 실패를 딛고 미국에 정착한 영국인들은 그곳에서 살아남기 위해 스페인과는 전혀 다른 행보를 보이기 시작했다.

토지의 공평한 분배가 가져온 성과

　　　　　　　　　　영국 개척자들은 그들이 정착한 땅을 '제임스타운'으로 명명했다. 이는 아메리카에서의 식민지 팽창을

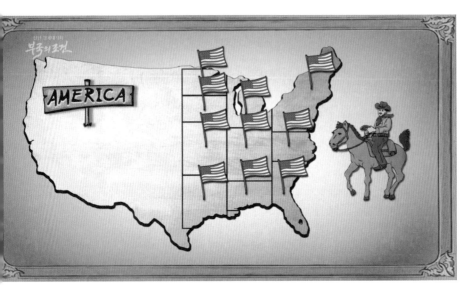

촉진시켰던 영국 왕 제임스 1세를 기념해 만든 것이다. 제임스타운의 정착민들은 공동체를 형성하고 규율을 만들었으며, 미국 내 최초의 영국 성공회 교회도 세웠다. 1612년엔 존 롤프가 서인도 제도에서 수입해온 담배 종자와 토착 종자를 이종교배한 담배 경작으로 경제활동의 범위를 넓혔다. 1619년에는 대륙 최초의 대의제 정부를 세우는 성과도 이뤘다. 무엇보다 두드러지는 것은 획기적인 토지제도다.

개척자 대부분은 모험가이자 도시인이었다. 그들이 새로운 땅을 찾아온 이유는 스페인 정복자들이 그러했듯 황금을 얻기 위해서였다. 애초 황무지에 불과한 체서피크 만에 정착할 의지도 없었으며 밭을 갈거나 농사를 지을 능력도 되지 않았다. 게다가 많은 사람이 원주민의 습격이나 병으로 죽었기 때문에 일손도 부족했다. 넓은 데다 척박하기까지 한 땅을 일구는 데 필요한 노동력이 몹시 부족한 상황이었다.

그러자 1618년 공동체는 정착민 모두에게 땅을 동등하게 지급하는 제도를 확립함으로써 자신의 노력 여하에 따라 부를 획득할 수 있도록 했다. 이 같은 제도는 정착민들에게 충분한 동기부여를 제공하여 척박한 땅을 개척하는 데 성과를 거두었다. 그 이듬해 제임스타운 정착민들은 식민지 자치의회를 발족시켰다.

브라이언 버클리
미국 제임스타운 박물관 역사 해설사

대부분 식민지는 자치를 유지할 수 있었습니다. 스스로 변화를 결정하고 자신들에게 닥친 도전에 대응할 수 있었습니다. 당시 상황에서는 자치의회가 큰 장점이 됐습니다.

이후로도 많은 영국인 이민자들이 이곳을 찾았다. 17세기 영국의 정치적, 종교적 혼란을 피해 온 사람이 있는가 하면, 경제적으로 소외된 채 가난에 시달리다 희망을 품고 온 사람도 있었다. 이민자가

▌영국 정착민들은 식민지 자치의회를 통해 스스로 규율을 만들어갔다.

대거 몰려들기 시작하면서 매사추세츠, 뉴욕, 뉴저지, 메릴랜드, 조지아 등 13개의 영국 식민지가 형성되었다.

이 식민지들은 모두 대의제 의회를 갖고 자주독립 정신하에 자치적으로 발전했다. 그렇게 170여 년의 시간이 지난 후 미국은 영국으로부터 독립을 선언했다. 영국 왕실로부터 독립한 미국이 최고의 가치로 손꼽는 것은 평등과 자유이다. 이것은 식민지 시대에 땅을 나눠 가지면서 이미 시작된 정신이었다.

스페인 정복자들은 원주민을 수탈하고 특권층으로 군림했지만, 영국인들은 토지 분배와 자치를 통해 정복자가 아닌 정착민으로 사는 것을 선택했다. 그 결과 스페인은 식민지 개척의 선발 주자로 아메리카 대륙에서 우위를 점했음에도 17세기부터는 식민지와의 교역에서 독점적 지위를 상실하게 된다. 이 당시 경제 정책이나 정치 구조는 각각의 식민지였던 멕시코와 미국 시스템의 바탕이 되어 현재까지도 영향을 미치고 있다.

대런 애쓰모글루
미국 MIT 경제학과 교수

제임스타운 식민지는 개척자들에게 원하는 곳에 토지 재산을 소유할 수 있도록 했습니다. 이처럼 더욱 포용적인 제도가 식민지 시대에 발전하기 시작했고, 미국에서는 이런 제도가 더욱더 변화하고 발전해서 경제호황을 뒷받침했습니다.

권력을 나누고 공평하게 기회가 열린 나라는 번영의 길로 나아갔다. 반면 소수가 권력을 움켜쥔 채 다수의 국민을 착취한 나라는 부국이 되지 못했다.

왕의 독점권을 금하다

원래 영국은 강력한 입헌군주제로

모든 권력이 왕에게 집중되어 있었다. 왕이 최고의 행정, 입법, 사법권을 가지고 있었으며 왕의 권력은 절대적이었다. 하지만 영국 의회는 왕의 권위에 대립각을 세웠다. 17세기 후반엔 정치 경제제도의 결정권을 의회로 넘어오도록 하는 데 성공했다.

의회가 대립각을 세워야 했던 절대왕권은 무엇이 문제였을까? 왕은 세상의 모든 것이 왕실의 소유라고 생각했다. 그 대표적인 예가 '왕의 독점권'이다.

로더릭 플라우드
영국 그레셤대학교 경제역사학 교수

정부와 왕과 왕비는 항상 돈이 필요합니다. 하지만 16세기에 영국 같은 비교적 후진국들은 과세를 하는 데 어려움을 느꼈습니다. 소득세 제도나 지세 제도가 없었습니다. 그래서 그들은 과세하기 쉬운 방법을 선택했죠. 바로 독점권 혹은 특허를 사람들에게 판매하는 것이었습니다.

왕이 절대권력이던 시대에 왕은 여러 분야에서 특정한 사람에게 독점권을 주었다. 대신 그들에게 받은 돈과 뇌물로 부를 누렸다. "빵을 제외하고 모두 독점이다"라는 말이 나올 정도로 무분별하게 독점

▌왕이 절대권력이던 시절 왕은 무분별하게 독점권을 남발하였고 그 대가로 돈과 뇌물을 받아 부를 누렸다.

권을 남발했던 제임스 1세 때는 독점 품목이 무려 700여 가지에 달했다. 심지어 아궁이 하나당 세금을 매기기까지 했으니 상공인들의 불만이 눈덩이처럼 커질 수밖에 없었다. 그런데 독점은 왜 위험한 것일까?

독점은 단 한 사람이나 하나의 단체만이 상품이나 서비스를 제공할 수 있는 것을 말한다. 빵을 예로 들자면, 단 한 사람만이 빵을 팔권리를 얻는 것이다. 다른 이와의 경쟁이 없다면 더 맛있는 빵을 만들지 않아도 빵은 팔린다. 턱없이 비싸게 팔아도 빵은 팔린다. 빵을 먹어야 사는 사람들에겐 다른 선택권이 없기 때문이다. 이러면 질 나쁜 재료를 사용하면서도 가격을 높이는 상인의 횡포에 서민들은 속수무책일 수밖에 없다. 심지어 갑자기 문을 닫기라도 하면 더 이상 빵을 구할 수 없게 되어버린다. 그래서 독점은 기본적으로 물가를 높이고 서민들의 삶을 고단하게 만드는 요소를 가지고 있다. 이뿐만 아니라 독점에서 제외된 상인들은 더는 경제 행위를 할 수 없게 된다.

로더릭 플라우드
영국 그레셤대학교 경제역사학 교수

독점은 의심할 여지 없이 가격을 인상시킵니다.

▌과도한 독점에 위기를 느낀 영국 의회는 왕의 독점권을 막는 법을 만들었다.

영국 의회는 이러한 현실에 위기감을 느끼고 왕의 독점권을 막는 법을 만들었다. 단, 한 가지 예외를 두었다. 새로운 기술을 발명한 사람에겐 자기 기술에 대한 독점권을 인정해주는 것이다. 바로 지금의 특허권이다.

15세기 초 베네치아 공화국은 이미 유리 제조와 모직물에 대한 특허를 인정하고 있었다. 모직물 공업을 발전시키고자 법을 제정하여 제도적으로 발명을 보호했는데 이는 최초의 특허법으로 기록된다. 하지만 특허법을 최초로 성문화한 것은 영국이다. 영국은 1624년 '영국의 전매조례'를 만들어 발명자가 자신의 발명품에 대한 권리를 14년 동안 가지게 했다. 영국의 전매조례는 오늘날 특허법의 모태로 남아 있다.

릭 존스
영국 맨체스터대학교 현대역사학 교수

사람들에게 특허를 내주면 변화, 발명과 혁신이 생깁니다. 독점을 내주면 창의성, 창조가 파괴됩니다. 실제 역사가 그렇습니다. 발명과 창의성이 그저 하나의 법 때문에 생긴 것이 아니라, 오랜 과정을 거쳐 결국에는 산업혁명으로 이어진 것이죠.

유럽의 후발 주자, 산업혁명을 주도하다

인류 역사상 가장 획기적 사건 중 하나인 산업혁명은 경제뿐 아니라 사회, 정치 등 거의 모든 분야에 영향을 미쳤다. 17세기 유럽의 많은 나라가 산업혁명을 일으킬 만한 전제조건을 갖추고 있었지만 그 발생지는 영국이었다. 당시 영국은 이미 전 세계와의 무역을 기반으로 한 부유한 나라였다. 중앙은행을 통한 금융 시스템이 마련되어 있었고 적정한 교육제도를 통해 인재 양성에도 힘을 쏟았다. 에너지원이 되는 석탄, 철강과 건물을 짓기에 용이한 벽돌이나 돌 등 자원도 풍부했다. 풍부한 자원은 기술 개발로 이어졌다.

국 맨체스터

| 직물수공업을 하던 작은 도시 맨체스터는 18세기 산업혁명의 중심도시가 됐다.

충분한 자본 축적, 비옥한 토지, 비교적 높은 수준의 교육, 풍부한 천연자원, 혁신적인 기술력, 유럽 다른 나라에 비해 높은 인구율 등은 영국에서 산업혁명이 발생하는 환경을 조성하는 데 중요한 요인이 되었다. 특히 맨체스터는 경영주와 상인들의 지원으로 산업경제에 유용한 연구가 대학에서 진행되었다. 대학은 혁신적인 연구를 통해 기업과 연계했으며 보다 전문적인 기술을 갖춘 많은 인재들을 양성해냈다. 이러한 바탕 위에서 맨체스터는 산업혁명의 견인차 역할을 했으며 그 수혜를 가장 많이 입은 도시가 되었다.

맨체스터는 원래 직물수공업을 주로 하던 인구 만 명의 작은 도시에 불과했다. 하지만 18세기에 들어 방적 및 직조 기계의 발명으로 더 쉽고 빠르게 상품들을 만들어내는 것이 가능해지면서 세계 최대의 면공업 생산지이자 산업혁명의 중심도시가 되었다.

영국 특허 보고 (1700-1851)

특허수

40,000

30,000

20,000

10,000

1700   1740   1780   1820   1851
자료:출처캠브리지 대학

▌특허권을 부여한 이후 기술 혁신에 가속도가 붙어 19세기 기술의 대부분은 영국에서 발명되었고 영국의 특허 건수는 정점을 찍게 된다.

　새로운 동력으로 발명된 증기기관은 맨체스터의 생산품들을 다른 도시로 이동하는 데 용이한 교통수단이 되었으며, 면공업의 발전은 맨체스터에 최초의 공업단지를 형성했다. 이외에도 식품, 기계, 화학, 전자 등 각종 산업이 발달하면서 영국 경제에 큰 영향을 미쳤다.

　영국이 산업혁명을 이끌 수 있었던 데는 실용적인 기술과 혁신적 발명을 이끌어내는 사회적 분위기도 한몫했다. 누구든 제대로 된 기술만 개발한다면 그 기술을 인정받을 뿐 아니라 독점권을 행사할 수도 있었다. 독점이 가져다주는 경제적 이익은 많은 이들에게 굉장히 매력적인 보상이었다. 그 결과 기술 혁신에도 가속도가 붙어 19세기 중반에 이르러서는 영국의 특허 건수가 정점을 찍을 정도로 많은 기술이 발명되었다.

릭 존스
영국 맨체스터대학교 현대역사학 교수

영국이 19세기 기술을 모두 발명했습니다. 전신, 증기기차, 고무 타이어를 발명했고 이것으로 세상을 변모시킬 수 있었습니다. 영국은 초기에 많은 발명품을 독점적으로 생산했습니다. 이 말은 영국이 발명했기 때문에 쉽게 성장할 수 있었다는 뜻입니다. 영국 경제는 1900년대까지 급속하게 성장합니다.

국민의 이익을 위해 움직이는 성숙한 의회

산업혁명만큼 영국을 번영의 길로 이끄는 데 중요한 길잡이가 된 것은 오늘날 의회민주주의로 자리 잡은 정치제도다. 영국 정치제도의 획기적인 전환점은 명예혁명이라고 할 수 있다. 명예혁명으로 왕은 의회 권력에 굴복했고 이때부터 정치경제제도의 결정권은 의회로 넘어오게 되었다. 의회는 독재 왕정을 축출하고 윌리엄 3세의 즉위식에 권리장전을 선포했다. 본격적인 의회 중심의 입헌군주제가 시작된 것이다.

이제 왕은 의회의 동의를 구하지 않고서는 자기 마음대로 금융

시스템을 바꿀 수 없게 되었고, 영국이 사실상 의회국가로 서는 계기를 마련해주었다. 의회민주주의는 국민이 직접 뽑은 대표들이 의회를 통해 정치에 참가하는 형태의 정치체제다. 그러므로 의회는 국민들이 원하는 바를 대표하는 입장에 서야 한다. 한국도 의회민주주의를 표방하고 있지만 선거철을 제외하곤 의원들이 국민들과 직접 소통하는 자리가 많지 않다. 하지만 의회민주주의의 본고장인 영국의 의원들은 시민들과 자유롭게 만나고 때로는 안건에 대해 긴 토론을 펼치기도 한다.

영국의 의사당은 한국의 국회의사당에 비해 소박하고 단순하다.

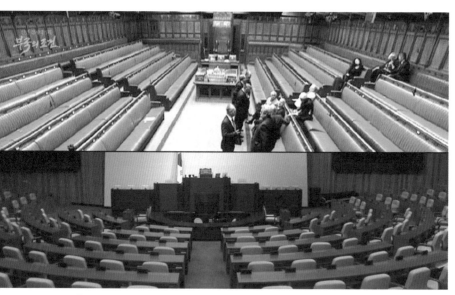

▌영국의 의사당은 한국처럼 의장석을 바라보고 앉는 반원형의 구조와 달리 자유롭게 앉고 싶은 곳에 앉을 수 있는 구조다.

양쪽으로 5줄씩 배치된 긴 녹색 의자가 놓여 있을 뿐이다. 보통 의장석을 바라보고 앉는 반원형의 구조와는 다르다. 의장석에서 보면 오른쪽은 정부 여당 석이고, 왼쪽은 야당 석이다. 의장석 역시 한국처럼 높은 곳에서 사람들을 바라보도록 만들지 않았다. 지정석이나 의원 명패도 없다. 회의가 시작되면 의원들은 다투어 자리에서 일어난다. 의장의 지명을 받아 발언권을 얻기 위해서다. 의회에선 수상 또한 발언자의 한 사람일 뿐이다.

의사당 안에 들어가면 그들은 전부 국민을 대표하는 일원으로 존재한다. 그래서 서로를 존중하고자 의원 상호 간에도 반드시 존칭을 붙여 말해야 한다. 또한 발언할 때 쓰지 말아야 하는 용어도 정해져 있다. 이를테면 '거짓말쟁이', '사기꾼'처럼 상대방을 직접적으로 비난하는 용어다. 이러한 용어는 상대방을 자극해 비생산적인 싸움으로 번질 수도 있기 때문이다. 영국의 의사당은 그 어느 곳보다 자유롭다. 의원들은 자신이 앉고 싶은 자리에 어디든 앉을 수 있으며 발언하고 싶으면 좌석에서 일어났다 앉는 것으로 의장에게 호명해달라는 신호를 보낸다. 일명 '의장의 눈길을 끈다'로 표현되는 이 신호는 누구든 보낼 수 있다.

의사당에서 가장 중요한 것은 스스로 내세우는 권위도 상대방을 자극하는 비방도 아니다. 자신의 의견을 정책에 반영할 수 있는 권리다. 그 권리는 국민들의 대변자이기 때문에 가질 수 있는 것이다.

▌ 회의가 시작되면 의장의 지명을 받아 발언권을 얻기 위해 의원들은 앞다투어 자리에서 일어났다 앉았다 하는 모습을 보인다.

닉 드 부아
영국 하원의원

우리는 유권자를 대표하여 말합니다. 그래서 의회에 들어가면 서로 호명되어 연설하려고 싸웁니다. 국민을 대표하는 우리의 권리를 주장하는 겁니다. 이것이 국민, 의원, 정부 간의 관계를 압축해서 보여 줍니다.

정치는 경제와 불가분의 관계다. 부패한 정치는 필연적으로 경제 위기를 몰고 온다. 위정자들이 국민의 이익보다 재벌이나 특권층의 이익을 위해 움직이는 사회에선 공정한 분배, 경제적 발전을 기대하기 어렵다. 더군다나 국민이 선출한 의원이 그들에게 주어진 의무를 자신들을 위한 권력으로 사용하는 나라의 미래는 밝을 리가 없다. 이 때문에 성숙한 의회민주주의가 제도적으로 자리 잡아야 하는 것이다.

로드니 바커
영국 런던정치경제대학교 정치학과 명예교수

　정치권력이 소수에 집중되면 비리와 경제적 비효율성이라는 부정적 경제효과가 발생합니다.

Chapter 4

제도로 공평한 기회를 보장한 미국

전혀 다른 결과를 낳은 제도의 힘

같은 이름의 두 도시 노갈레스의 운명을 가른 것은 각 도시가 속해 있는 국가의 국력과 경제력 차이였다. 미국은 멕시코와 바로 이웃해 있지만 경제적, 사회적 발전의 형태는 매우 다르다. 이는 16세기 유럽의 아메리카 정복의 역사에서 비롯된다. 유럽의 많은 나라가 아메리카 대륙으로 진출했을 당시 그들의 목적은 오로지 금은을 비롯한 자원을 채취해 부를 이루는 데 있었다.

앞에서 살펴본 것과 같이 스페인은 식민지를 착취하고 자신들이 특권층으로 군림했다. 이것이 현재의 멕시코를 만들었다. 반면 미국 대륙은 영국의 식민지로 예속된 후 멕시코와는 전혀 다른 길을 걷게 되었다.

후발 주자였던 영국은 미국 대륙을 식민지화하기 시작한 초기 스페인의 제도를 그대로 따라 했다. 하지만 이는 이미 상향식 계급제도가 구축되어 있으며 인구가 밀집된 도시국가에서나 통용되는 방법일 뿐 각지에 흩어져 사는 인디언의 땅 미국 대륙에는 어울리지 않았다. 인디언을 붙잡아 강제노역을 시키는 것도 힘들었지만 붙잡힌 인디언도 장시간 노동하는 생활을 견뎌내지 못했다.

▎제도의 차이로 미국과 멕시코의 국경선은 선명한 빈부의 경계선이 되었으며, 그 위에는 노갈레스와 같이 국경을 맞댄 쌍둥이 도시들이 있다.

결국 영국은 스페인과는 다른 전략을 세워야 했다. 그 대표적인 예가 균등 수익권이다. 균등 수익권은 부족의 신탁기금에 대한 각 구성원의 균등한 권리를 의미한다. 개척자들에게 토지를 나누어주어 그들이 토지 재산을 소유할 수 있게 만든 것 또한 이 권리 중 하나라 할 수 있다.

이와 더불어 정치제도에서도 스페인보다 훨씬 포용적인 형태를 갖추었다. 영국 정부가 스페인 정부와 달리 식민지에 큰 영향력이 없었기에 가능한 일이기도 했다. 아메리카로 이주한 개척민들 역시 자신들이 영국에 종속되어 있다는 생각을 하지 않았다. 그래서 아메리카 대륙을 식민지화하는 과정이 훨씬 자율적이었으며 포용적일 수 있었다. 그 대표적인 제도로 '홈스테드 법'을 들 수 있다.

홈스테드 법은 식민지 초기에 개척자들에게 토지를 분배하던 데서 한 발 더 나아가 서부의 미개발 토지를 무상으로 제공하는 자영농지법이다. 1862년 제정된 이 법은 21세 이상의 사람이라면 누구나 신청해 토지를 받을 수 있도록 했다. 이 법의 목표는 더 많은 사람이 토지를 개간해 농지로 활용하게 하는 데 있었으므로 특정 엘리트층이나 기업이 토지를 독점하는 일은 없었다. 물론 이 같은 이유로 완전한 평등주의가 존재했다는 의미는 아니다.

토지 분배에서도 차별은 존재했다. 흑인 차별이 대표적인 예다. 하지만 스페인 식민지들과 비교했을 때 상대적으로 훨씬 더 평등한 사회를 구현하고 있었으며, 시민에게 개인 재산권이 인정되었다는 사실은 굉장히 중요한 지점이다.

당시 스페인은 자국이든 식민지든 모든 땅과 재산은 왕의 소유라는 개념이 있어서 개인 소유가 허락되지 않았다. 일시적으로 허락되었어도 매우 불안정한 상태에서 소유하거나 분쟁이 일어날 경우 왕은 언제든지 그 재산을 빼앗을 수 있었다.

반면 미국은 균등 수익권과 홈스테드 법을 기반으로 포용적 시장을 형성하는 방향으로 나아갔다. 미국은 식민지 초기부터 현대적 민주주의에 근접한 형태를 보였다. 분배와 정치적 자유가 매우 중요했으며 각 지역의 통치권은 자율성을 유지할 수 있게 했다.

정치적 자유가 만든 경제적 자유

영국 식민지 시대에도 미국의 시장제도는 포용적이었으며 자유로웠다. 사람들이 원하는 경제활동을 할 수 있게 자유를 주었고, 사적 소유를 보장해주었으며, 기술 변화에 필요한 투자를 뒷받침할 수 있는 기회도 마련했다. 특정 가문 출신이나 정치권력을 가진 이들뿐 아니라 식민지 국민들 모두에게 주어진 경제적 자유는 정치적 자유가 있기에 가능한 일이었다. 정치적

▌식민지 시절 미국 자치의회. 미국은 식민지 개척 당시부터 자치의회를 통해 민주주의 제도를 발전시켰다.

자유가 없었다면 경제적 자유도 존재하지 않았을 것이다.

정치적 자유는 최초 식민지 시대부터 존재해왔던 의회의 역사까지 거슬러 올라간다. 영국 개척자들은 제임스타운에 도착하고 12년이 지난 1619년에 '버지니아 회의'를 구성했다. 이는 미국 최초의 민주적인 의회로 미국 민주주의의 출발점이기도 하다.

의회주의는 시민에 의해 선출된 대표가 시민의 의견을 반영해 국정을 운영하는 통치 방식이다. 그러므로 의회주의의 발전은 민주주의 강화를 뜻한다. 미국 의회는 법률제정 과정에서부터 민주적인 절

차를 밟았다. 정치권력을 평등하게 분배하고 개인이 정치권력을 강
탈하는 것을 방지하려면 제도적 장치가 필요한데, 이는 법률제정 과
정에서부터 민주적 절차가 요구되는 일이기 때문이다.

많은 나라에서 흔히 보이는 부정부패는 그 사회의 병적 증상 중 하
나일 뿐 핵심은 아니다. 앞에서 살펴본 멕시코의 사례는 단지 부패척
결이라는 구호만으론 문제를 해결할 수 없으며, 부패를 부추기는 제
도가 근본부터 바뀌어야 함을 잘 보여준다.

오늘날 멕시코는 민주주의의 옷을 입고 있고 식민지 시대의 통수
권자나 강제노역도 없다. 하지만 식민지 시대의 제도가 기반이 된 현
재의 제도는 아직도 멕시코 사회의 많은 분야에 존재하면서 불공정
한 환경을 만들어낸다. 정치권력은 중앙집권화되어 있고 정치권력이
경제의 운영방식을 결정한다. 이는 식민지 제도하의 운영방식과 매
우 유사하다. 시대의 변화에 따라 많은 것은 변했지만 그 근본 구조
는 변하지 않은 것이다.

대런 애쓰모글루
미국 MIT 경제학과 교수

가끔 세계은행, 유엔 등 국제기관들은 부정부패가 문제라고 이야기
합니다. 만약 부패척결에만 완전히 집중하면 부패를 줄일 수도 있습

니다. 그러나 문제 자체를 해결할 수는 없습니다. 그 이면에 여전히 부패를 부추기는 제도적 문제가 존재하기 때문입니다.

미국과 멕시코는 둘 다 식민지 시대를 경험했다. 하지만 오늘날 이 두 국가의 운명은 판이하게 다르다. 이를 상징적으로 보여주는 것이 바로 국경 도시 노갈레스다.

이 두 나라의 운명이 다른 이유는 단지 권력을 가진 자들의 욕망이 더 강하거나 더 약해서가 아니다. 권력을 가지지 못한 대다수 국민들이 더 비판의 날을 세우거나 더 무기력해서도 아니다. 올바른 권력 분배와 공평한 환경을 조성하는 민주적 제도를 구축했는가, 그렇지 못했는가가 결정적인 요인이다.

미국은 이러한 제도 아래에서 정치적, 경제적 동력을 마련해왔다. 반면 멕시코는 표면적으로는 민주주의식 선거를 치르고 있지만, 20세기 전반을 제도혁명당이 단일 집권하고 있으며 권력은 상부의 특권층에게만 집중되어 있다. 이는 경제성장을 지연하고 양극화 현상이 심화되는 현상으로 나타났다.

경제성장을 비롯한 국가의 발전에는 정치적 자유가 상당히 중요한 역할을 한다. 정치적 자유가 없다면 권력을 평등하게 분배하는 포용적 정치제도를 구축할 수 없으며, 포용적 정치제도가 없다면 진정한 경제적 자유도 없다.

특정 기업의 독점을 허용하지 않는다

미국은 건국 후 100년 동안 자유 경쟁을 통해 기업이 발전하는 환경을 제공해왔다. 정부는 시장경제에 간섭하지 않았고 경제는 고속성장을 이루었다. 그런데 19세기 후반으로 들어서면서 부작용이 생기기 시작했다. 동종 기업끼리 담합해 가격을 결정하고 시장을 독점하는 트러스트가 횡횡하기 시작한 것이다. 대표적인 예로 경쟁을 피하기 위해 카르텔을 형성했던 철도 회사들의 트러스트를 들 수 있다. 철도뿐 아니라 철강, 자동차 등 거의 모든 분야에서 일어났으며 한 기업이 산업을 독점해버렸다.

기업이 몸통을 부풀릴수록 자본의 독식은 점차 심해졌다. 자유경쟁은 오히려 멀어져갔다. 일부 기업이 시장을 독점하며 부가 한쪽으로 쏠리기 시작했다.

에드먼드 펠프스
미국 컬럼비아대학교 정치경제학과 교수, 노벨경제학상 수상자

당시 거대 기업들은 새로운 회사가 산업계로 들어오는 것을 원천적으로 막아버렸습니다. 또한 경제의 잠재적인 원천인 기술 혁신을 가로막고 있었죠.

독점 기업은 그들의 이익에 따라 제품 가격을 좌지우지했다. 상대적으로 자본이 적은 기업은 독점 기업과의 경쟁에서 밀려 파산하거나 합병되는 일이 다반사로 벌어졌다. 기업의 파산은 당연한 귀결처럼 실업자를 양산했고 이는 사회문제로 대두되었다. 상황이 점차 악화되자 1890년 존 셔먼 상원의원은 일명 반 트러스트라 불리는 독점금지법을 추진했다. 하지만 많은 기업가들이 이에 반대하자 그는 이렇게 말했다.

"정치체제로서 군주를 원하지 않듯, 경제체제로서 독점을 원하지 않는다."

결국 독점금지법은 상원 표결에서 51대 1, 하원에서 만장일치로 통과되었다. 하지만 그다지 큰 효력을 발휘하지 못했기에 트러스트는 여전히 성행했다. 특히 록펠러가 운영하는 스탠더드 오일은 1904년엔 미국 전체 정유 산업의 91%까지 점유했다. 그는 주요 은행 간부들을 포섭해 경쟁업체들에 재정 지원을 못 하게 했다. 재정적 어려움을 겪는 업체에는 자신에게 경영권을 넘기도록 요구하는 방식으로 27개의 정유 회사를 인수 합병해 스탠더드 오일을 거대 기업으로 확장시켰다. 이런 상황에서 시어도어 루스벨트 대통령은 "이른바 트러스트라고 알려진 대기업이 국민의 복지를 훼손하고 있다. 어떠한 형태로든 합리적인 감독과 통제가 필요하다"며 트러스트와의 전쟁을 선포했다.

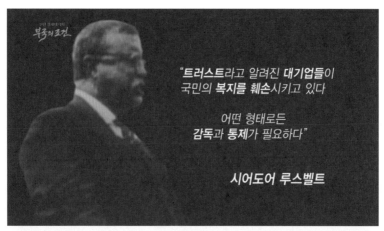

"트러스트라고 알려진 **대기업들**이
국민의 **복지**를 훼손시키고 있다

어떤 형태로든
감독과 **통제**가 필요하다"

시어도어 루스벨트

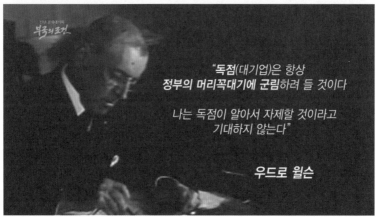

"**독점**(대기업)은 항상
정부의 머리꼭대기에 군림하려 들 것이다

나는 독점이 알아서 자제할 것이라고
기대하지 않는다"

우드로 윌슨

▌19세기 후반 들어 일부 기업이 산업을 독점하자 정부는 트러스트와의 전쟁을 통해 거대 기업
을 견제하였다.

연방정부는 독점금지법을 재정비해 거대 기업을 견제하는 정책을 펼치기 시작했다. 독점금지법에 근거해 스탠더드 오일을 34개의 회사로 분리했으며 증권, 철강, 석유 부분의 트러스트를 상대로 소송을 제기했다. 이를 통해 트러스트를 해체시키면서 미국 기업 역사에 새로운 전환점을 가져왔다. 뒤이어 윌리엄 태프트 대통령은 트러스트에 한층 더 서슬 퍼런 칼날을 들이대 스탠더드 오일 회사를 해체시켰다.

이후 1913년에 취임한 미국 대통령 우드로 윌슨은 "독점이 사라지지 않는 한 독점은 항상 정부의 머리꼭대기에 군림하려 들 것이다. 나는 독점이 알아서 자제하리라 기대하지 않는다"며 독점 금지에 대한 강력한 의지를 드러냈다. 그는 연방준비제도이사회를 설립해 금융 독점도 강력히 규제했다.

독전금지법의 핵심은 대기업의 독점과 가격담합을 막고 공정하면서도 정당한 경쟁의 장을 마련하는 데 있다. 거래나 상업을 제한하는 모든 계약은 무효이고, 독점화 시도는 금지되며, 독점으로 피해를 입은 기업은 손해배상을 청구할 수 있다는 것이 독점금지법의 주요 내용이다. 이로 인해 신생 기업은 새로운 기술을 가지고 시장에서 공정한 경쟁을 펼칠 수 있게 되었으며, 독과점으로 인한 소비자의 피해를 줄일 수 있었다.

세계 최대 경제 대국 미국은 독점과의 전쟁을 통해 완성되었다. 그리고 그 싸움은 지금도 계속되고 있다.

에드먼드 펠프스
미국 컬럼비아대학교 정치경제학과 교수, 노벨경제학상 수상자

독점 규제로 경제가 경쟁적으로 바뀌었고 더 빠르게 성장했습니다.
더 많은 기업이 생겨나면서 일자리 창출로 이어졌죠.

모두에게 균등하게 주어진 기회의 힘

영국에서 독립한 미국은 세습된
부에서 한결 자유로운 나라였다. 아무리 노력해도 세습된 부와 경쟁
에서 밀리는 환경과 달리 개인의 노력 여하에 따라 얼마든지 부를
획득하는 것이 가능했다. 대부분 사람에게 동등한 기회가 주어졌으
며 그에 맞는 보상이 주어졌다. 그렇다 해도 미국이 신기술 개발, 산
업화, 비즈니스 활성화를 촉진하는 제도적인 틀을 마련하지 않았다
면 '기회의 나라' 미국은 없었을 것이다.

미국은 어떤 제도가 사람들에게 경제적 동기를 부여하는지 잘 알
고 있었다. 아이디어에 대한 재산권을 보호하는 특허제도가 그 좋은

신분과 배경을 가리지 않은 특허제도 덕에 에디슨은 수많은 특허를 통해 엄청난 부를 이룰 수 있었다.

예다. 미국에서 특허법이 등장한 것은 18세기 말이었다. 이후 100년 동안 미국 특허청에서는 100만 개의 특허를 발급하는 성과를 냈다. 분야도 다양했다. 교통, 통신, 직물, 농업 등 거의 모든 분야에서 발명이 이루어졌고, 그렇게 발명된 기술은 산업발전에 박차를 가했다. 미국은 어떻게 이렇게 많은 특허 기술을 발명할 수 있었을까?

16대 대통령 에이브러햄 링컨은 "특허제도는 천재의 불꽃에 보상이라는 기름을 붓는다"는 말로 특허제도의 효용성을 설명한 바 있다. 창조적인 생각과 능력을 갖춘 사람들은 특허제도를 통해 자신이 경제적 이익과 명예를 가질 수 있음을 알고 있었다. 바로 특허제도가 발명품에 대한 자신들의 재산권을 보호해줄 것이기 때문이다.

대표적인 인물이 바로 20세기 미국 최고의 발명왕 에디슨이다. 에디슨은 가난한 집의 막내아들로 태어나 정규교육을 받지 못한 채 자랐지만 에디슨의 관심 분야는 매우 다양했다. 지난 100년간 모든 전자 전기 기술의 근간이 되는 것들이었다. 신분과 배경을 가리지 않은 특허제도 덕에 그는 평생 1,093개의 미국 특허와 1,200개가 넘는 해외 특허를 내며 엄청난 부를 이루었다.

엘리자베스 도허티
미국 특허박물관 발명가 교육, 지원국장

1790년부터 우리는 특허제도를 통해 발명가, 과학자, 혁신자들의 작품을 보호하기 시작했습니다. 이후 100년이 조금 넘는 기간 동안 100만 개의 특허 발명품을 만들어냈습니다.

현재도 미국의 특허청은 광범위한 기술의 특허 신청을 재검토하는 직원들만 1만 1,000여 명에 달하며 8,000여 명이 넘는 특허 심사관이 있다. 특허청에서는 독창성, 혁신, 창조성을 기반으로 발명가들이 더 많은 기술을 개발할 수 있도록 장려한다. 특허권에는 신분, 학력, 배경 등이 전혀 작용하지 않는다. 온전히 그 자신의 창의적인 생각과 노력으로 만들어진 결과물에 대한 평가만이 있을 뿐이다. 이렇게 받은 특허는 그것을 필요로 하는 기업에서 생산, 제조하도록 허락하는 대신 그에 상당한 대가를 받게 된다.

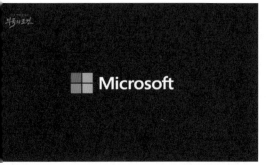

▌독점 규제로 모두에게 균등하게 기회가 주어져 미국에는 더 많은 경쟁력 있는 기업들이 생겨
날 수 있었다.

　이 제도는 미국이 미국일 수 있는 특별한 정신에 바탕을 두고 있
다. 미국은 다양한 인종이 모여 만든 나라이기에 오히려 유럽보다
더 극심한 갈등에 시달릴 여지가 많았다. 하지만 미국은 다양한 계
층 간의 갈등 관계를 풀고자 노력했고 그 결과 개인의 자유와 평등
의 조화가 더 부각될 수 있었다. 경제적 평등은 평등한 조건에서 경
쟁했을 때 이룰 수 있는 것이다.

기회를 일부 계층이 독식한다면 경제는 성장할 수 없다. 자유시장이 해결하지 못하는 문제는 정부가 제도의 틀로 해결해야 한다. 동등한 기회와 정당한 보상은 미국의 초고속성장의 바탕이 되었으며, 영국으로부터 독립한 지 단 200여 년 만에 세계 모든 나라를 앞지르는 부국으로 성장할 수 있었다.

제임스 A. 로빈슨
미국 하버드대학교 정치학과 교수

경제적 성공을 위해 꼭 필요한 것은 사람들에게 공평한 기회와 인센티브를 주는 포용적인 제도입니다. 착취하는 제도권에서는 기회와 인센티브를 막아버리죠. 포용적인 경제제도의 바탕이 되는 것은 모든 계층을 위한 포용적인 정치제도입니다.

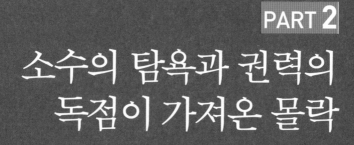

PART **2**

소수의 탐욕과 권력의
독점이 가져온 몰락

한때 부강한 나라로 세계 역사의 한 획을 그은 국가가 있다. 로마와 스페인, 베네치아다. 천년 제국 로마는 기원전 27년 아우구스투스 황제에 의해 건설된 후 1453년 멸망하기까지 역사, 문화, 정치, 교육 등 모든 분야에 걸쳐 서양에 아주 큰 영향을 미쳤다. 유럽에서 가장 오랜 역사를 지닌 스페인은 16세기에 부유하고 강한 국가로 거듭난다. 이후 150년 동안 유럽의 지배자로 군림하며 아시아, 아프리카, 아메리카 대륙으로 뻗어 나가 인류 역사상 가장 넓고 강대한 제국을 이루었다. 중세 베네치아 공화국은 바닷길을 이용한 활발한 무역을 펼쳤으며, 500년 동안 경제 대국의 지위를 놓친 적이 없었다.

로마 제국, 스페인 제국, 중세 베네치아 공화국은 한때 부국의 길을 걸으며 유럽의 많은 나라에 경제, 정치, 문화적으로 큰 영향을 끼쳤다는 공통점이 있다. 하지만 이들 나라는 결국 쇠퇴와 멸망의 길로 들어서고 말았다. 한 국가의 쇠퇴와 멸망에는 그렇게 될 수밖에 없는 원인과 상황이 존재한다. 우리는 그 원인을 밝혀냄으로써 이들 나라의 실패를 교훈으로 삼을 수 있을 것이다.

또한 세계 최초의 사회주의 국가인 소련과 세계 최고의 자원을 가지고서도 부강한 나라로 들어서지 못한 베네수엘라의 사례를 통해 기득권 세력의 탐욕이 국가의 쇠퇴에 미친 영향을 알아보고자 한다.

Chapter 1

포용적 **제도**를 버리며
멸망한 천년 제국 **로마**

로마 제국의 경제적 번영과 시민 웰빙의 흔적

　　몰락한 제국을 거론할 때 빠지지 않는 나라가 있다. 도시 전체가 거대한 문명사 박물관이 되어버린 이탈리아의 로마다. 로마는 2,000년 전 인구수가 6,500만 명에 달하는 거대한 제국이었다. 로마 제국은 기원전 8세기경 이탈리아 반도의 중부에서 도시국가로 발흥했다. 이후 로마 시를 중심으로 이탈리아 반도를 통일하고 전체 지중해를 지배하는 제국으로 성장했다.

　　이 과정에서 그들은 발길이 닿는 곳마다 길을 냈다. 정복전쟁에서 군대가 빠른 시간 내에 이동하려는 이유였지만 이 길들은 이후에 상업적으로 활용되기도 한다. 오늘날까지 우리 귀에도 전해지는 "모든 길은 로마로 통한다"는 말이 결코 허언이 아닐 정도로 당시 유럽의 많은 길은 로마인에 의해 만들어졌다.

또한 로마는 거대한 영토와 다양한 민족을 거느린 세계의 중심이었다. 인적, 물적 자원은 로마를 중심으로 통했으며 주변국들이 따라올 수 없을 만큼 경제적 번영을 누렸다. 유럽 최초의 인공 해안염전을 만들어 품질이 좋으면서도 가격까지 저렴한 소금을 생산해 유럽 대륙 곳곳에 수출했다. 이른바 '소금길'로 유명한 길은 로마가 경제적 발전을 이룰 수 있게 한 원동력이었다. 지금도 로마 근교에 가면 '비아 살라리아'라고 불리는 소금길 도로가 남아 있다.

강한 경제력을 갖춘 로마 제국은 상당히 뛰어난 수준의 문명을 이루었다. 그 대표적인 예가 황제의 이름을 딴 카라칼라 목욕장이다. 이곳에선 매일 수천 명의 사람들이 목욕을 즐겼는데, 4세기경에는 로마 시내에 운영되는 대욕장의 수가 1,000개 가까이 되었다. 고대문명 어디에도 목욕이 일상화된 건 전례가 없는 일이다. 로마인들이 목욕 문화를 즐길 수 있었던 배경에는 발달된 상수도 기술이 있다.

로마 제국은 크고 작은 도시에 수로를 지어 식수, 농업용, 상업용 물을 공급했는데 수도 로마에만 11개의 수로가 있었다. 전체 길이 350여 km에 달하는 수로는 일반 가정집까지 깨끗한 물을 공급했다. 이 같은 수로 시설을 갖추기 위해서는 고도의 측량기술이 필요하다.

▌황제의 이름을 딴 카라칼라 목욕장에서는 매일 수천 명의 사람들이 목욕을 즐겼다.

수로의 물이 적절한 수압을 유지하며 일정한 방향으로 흘러가도록 하기 위해서다. 가압 모터 같은 기계의 도움 없이 오로지 중력을 이용해 먼 거리까지 물을 흘려보내려면 경사진 수로를 건설해야 했다.

수로의 건설에는 상하수도 시스템 또한 필수다. 상하수도 시스템이 구축되지 않고서는 깨끗한 물을 필요한 곳에 보낼 수 없고, 반대로 더러운 물을 빼내 정화시킬 수도 없다. 로마는 농업, 공업에 사용한 폐수나 시민들의 생활 오물을 하수도를 통해 시 외곽의 테베레 강으로 흘려보내도록 설계했다. 이로 인해 로마인들은 늘 깨끗한 물을 공급받을 수 있었고, 목욕탕 같은 공중 시설을 자유롭게 이용할 수 있었다. 이러한 서비스는 당시 로마의 속주였던 스페인 세고비아의 로마 수도교까지 이어져 그곳에 있는 로마인들도 깨끗한 물을 공급받는 생활을 누렸다.

상하수도 시설을 비롯한 물질문명은 로마인들의 삶의 질을 높였다. 그들은 가정에서 물을 받아 쓰고 매일 목욕을 할 수 있는 생활을 이미 2,000년 전에 누리고 있었다. 이는 오늘날에도 빈국의 많은 사람들에겐 허용되지 않는 일상이다.

마리아노 마라볼타
이탈리아 로마대학교 인문학부 교수

로마는 거대한 물질문명이 발달했습니다. 그것은 시민 한 사람 한 사람의 웰빙을 뜻합니다.

로마는 어떻게 이 같은 물질문명을 만들어낼 수 있었을까? 그 힘은 어디에서 비롯된 것일까? 바로 그들이 구축한 법과 제도, 시스템에서 찾을 수 있다.

오늘날에도 많은 국가의 헌법에 영향을 미치고 있는 로마법은 "법은 모든 이에게 평등하다"는 기치를 내걸었다. 이는 몇몇 사람에게만 특권과 부가 집중되는 현상을 막고 많은 사람이 혜택을 누리며 살 수 있는 장치로 작용했다. 문필가이자 정치가인 키케로가 "우리는 모두 자유롭기 위해 복종한다"는 글을 남겼듯이 로마 사람들은 자신이 자유로운 존재로서 법의 보호를 받는다고 확신했다. 이것은 로마를 부강한 나라로 이끄는 동력이 되어주었다.

공화정의 서로 소통하는 정치 시스템

로마 시내 북부에는 '성스러운 산'이란 뜻의 몬테 사크로가 있다. 이곳은 기원전 5세기경 로마 역사에서 중요한 전환점을 만들어낸 현장으로 유명하다. 시민과 군인들이 가혹한 통치에 대항해 집단 농성을 벌였던 곳이기 때문이다. 이른바 '성산 사건'으로 알려진 이 투쟁은 오늘날 총파업처럼 시민들이 그들의 일을 멈추는 것으로 귀족계급에 저항한 투쟁이다.

기원전 753년 로마는 왕정체제로 건국되었지만 기원전 509년에는 공화정부를 수립했다. 하지만 평민계급은 원로원 의원이 될 수 없을 뿐더러 어떤 공직에도 오를 수 없었다. 그들이 노예와 다른 점은 재산권을 인정받는 것뿐이었다.

귀족과 평민이라는 계급 관계는 엄격했다. 소수에 불과한 귀족계급은 로마 인구의 절대다수를 차지하는 평민들을 권력과 지위로 억압했다. 이에 분노한 평민과 군인들은 일을 그만두거나 가게의 문을 닫고 성산으로 몰려들었다. 도시의 기능이 마비되었다. 시민들과 군인들은 자신들이 없으면 경제활동은 물론 어떤 전투도 치를 수 없다는 사실을 잘 알고 있었다. 하지만 귀족계급은 그들의 기득권을 쉽게 포기하지 못했다.

기원전 494년에 시작된 성산 사건은 기원전 449년까지 이어졌다.

▌ 로마의 평민이 귀족에 반항하여 집단 농성을 벌인 성산 사건은 호민관이 신설되는 계기를 마련
하였다.

이때 시민들은 무장을 하고 진을 쳐 기존의 로마와는 다른 새로운 도시를 만들겠다고 선언했다. 결국 귀족들은 오랜 대치 끝에 시민들의 요구를 받아들일 수밖에 없었다. 절대다수였던 시민들이 대부분의 경제활동을 담당하고 있었기에 그들의 노동력이 필요했다. 또한 제국 확장을 위해서도 시민의 도움과 병사의 힘이 절실하게 요구되었다.

호민관은 평민들을 대변하고 그들의 권익에 위배되는 정책에는 거부권을 행사할 수 있을
정도로 그 힘이 강력했다.

성산 사건 이후 로마는 많은 변화를 겪었다. 시민의 권리가 높아
졌으며 귀족들은 일부 평민들의 빚을 삭감해주었다. 하지만 성산 사
건에서 얻어낸 가장 빛나는 결과물은 '호민관' 신설이었다.

호민관은 로마 공화정을 상징하는 제도로 평민의 이익을 대변하
는 기관이다. 호민관은 평민계급에서 선출되었으며 선출 방식 또한
매년 평민들이 직접 선거로 뽑았다. 그야말로 평민에 의해 평민의 대
표를 세우는 것이다. 이렇게 선출된 호민관은 평민들의 요구를 대변
하고 그들의 권리를 옹호했다. 항상 문을 열어두어 누구든 도움을 요
청할 수 있도록 하고 도시 밖으로 나가지 않았다. 귀족 정치의 중심
가였던 포로 로마노에서 대규모 집회를 열고 로스트리라는 연단에
올라 평민들의 요구를 외쳤다.

마리아노 마라볼타
이탈리아 로마대학교 인문학부 교수

집정관은 '임페리움'이라는 권리를 가지고 있었습니다. 죄를 지은 시민의 목을 자를 수 있었지요. 반면 호민관은 '포테스타스'를 가집니다. 시민의 머리를 내려치는 도끼를 멈추게 하는 권리지요. 이 두 권력의 핵심은 이것입니다. 하나는 능동적으로 삶과 죽음을 결정하는 권리이고, 다른 하나는 집행을 멈추거나 늦출 수 있는 권리입니다.

호민관은 의무가 많은 만큼 그 힘도 강력했다. 평민들을 대변하고, 평민의 권익에 위배되는 정책에는 거부권을 행사할 수 있었다. 민중들의 의지가 곧바로 권력 안으로 들어갈 수 있었다. 이를테면 민회에서 법률을 발의하거나 원로원을 소집하고 청원하는 권리를 행사할 수 있었다. 민중의 대변자인 만큼 호민관의 일을 방해하거나 신체에 해를 입히는 자는 바로 사형에 처하는 엄벌을 내리기도 했다.

로마 공화정에서는 귀족들을 대변하는 원로원과 평민을 대변하는 호민관이 서로 소통하는 정치 시스템이 수립되었다. 당시 로마를 상징하는 4개의 문자는 S, P, Q, R이다. S는 원로원(SENATUS), P는 민중(POPOLUS), Q는 함께(QUE), R은 로마(ROMANUS)를 뜻한다. 이는 원로원과 민중이 함께 어울렸던 로마를 말한다. 원로원과 민중이

SPQR
S(SENATUS—원로원), P(POPOLUS—민중), Q(QUE—함께), R(ROMANUS—로마)

▮ 로마를 상징하는 4개의 문자는 원로원과 민중이 함께 어울렸던 로마를 뜻한다.

상생할 때 비로소 로마도 존재한다는 로마의 시대정신을 보여주는 것이다. 신분과 계급은 존재했지만 평민들의 재능과 열정을 경제발전으로 연결시키는 제도가 만들어졌다.

제임스 A. 로빈슨
미국 하버드대학교 정치학과 교수

국가가 번영하고 경제성장을 이루려면 수많은 사람들이 기회와 인센티브를 가질 수 있는 경제제도가 있어야 합니다. 정치권력이 집중되어 있는 상황에서는 이런 제도를 수립하기가 상당히 어렵습니다.

　기원전 451~450년에는 다시 투쟁을 벌인 평민들의 요구가 받아들여져 12표법이 제정되었다. 로마의 기존 법은 최고 제사장을 비롯해 몇몇 귀족들만 알도록 비밀리에 전승되어왔다. 그러다 보니 법이 있어도 이를 알지 못하는 평민들에겐 불리하게 적용될 수밖에 없었다. 하지만 12표법은 평민의 권리를 보장하는 법으로 모든 이에게 공개되었다. 오늘날 헌법처럼 포괄적인 법전은 아니지만 민사소송법, 재산권, 상속법, 부동산 등에 관한 법률이 어느 정도 정확하게 명시되어 시민들이 법의 보호를 받을 수 있게 되었다. 12표법은 호민관 제도와 함께 서양 문명에서 권리의 개념을 탄생시킨 중요한 사건이다.

　귀족과 평민 모두 법 앞에서는 평등하다는 원칙도 마련되었다. 현실에서는 기득권의 힘이 법조차 넘어설 때가 더 많았지만, 그나마 시민들이 법의 보호 아래 놓일 수 있게 해준 것이다.

절대권력을 탄생시킨 황제정

　　　　　　　　　　로마 공화정은 정치에서 '권력의 분리'와 '견제와 균형'을 보여준 대표적인 사례다. 그것도 2,000년

| 전쟁영웅 카이사르와 그의 무덤. 카이사르는 공화정을 1인 독재체제로 중앙집권화하기 시작했다.

전에 이미 이러한 정치체제를 갖추었다는 건 상당히 놀라운 일이다. 당시 로마가 이룬 수많은 법률과 입법제도는 18세기 말까지 유럽 전체에서 사법제도로 사용되었으며 상대적으로 로마법의 영향을 덜

받은 영국과 북아메리카에서는 관습법으로 정착되기까지 했다. 하지만 이토록 대단한 정치체제를 만든 로마는 카이사르가 등장하면서부터 반전이 시작된다. 절대권력을 허용하는 방향으로 바뀐 것이다.

카이사르는 로마의 정복전쟁을 이끌며 권력을 잡았다. 이후로 그는 원로원과 호민관이 서로를 견제하던 공화정을 1인 독재체제로 중앙집권화한다. 그리고 카이사르의 후계자였던 아우구스투스가 1대 황제에 오르면서 500년간 이어졌던 공화정은 막을 내리게 되었다.

시모네타 세게니
이탈리아 밀라노대학교 역사학과 교수

아우구스투스 황제는 평민인 호민관이 가졌던 권력을 자기 것으로 만들면서 한계가 없는 절대권력을 누리게 됩니다.

아우구스투스는 호민관의 권리를 황제에게 귀속시키면서 호민관 제도를 사실상 폐지해버렸다. 황제를 견제했던 원로원의 영향력도 점차 약화되었고, 로마 정치의 미덕이었던 자유로운 토론과 소통이 사라지기 시작했다. 더불어 경제도 하락세를 띠게 되었다. 이런 사실은 로마의 난파선과 그린란드의 빙산 연구에서 추정할 수 있다.

로마 변두리에는 평범한 동네 언덕처럼 보이지만 수없이 많은 도자기 조각이 쌓여 만들어진 인공산이 있다. 일명 도자기산이라 불리는 몬테 테스타치오다. 도자기산 인근에는 로마 문명의 발원지인 테베레 강이 흐르고 있다. 이 물줄기를 따라 스페인과 아프리카 등지에서 수많은 물자가 로마 시내로 유입되었다. 특히 스페인 안달루시아 지방에서 생산된 올리브유는 로마인에게 인기가 많았다. 올리브유는 앙포라라는 항아리에 담겨 운반되었는데, 올리브유를 팔고 버린 앙포라가 지금의 도자기산을 이뤘다. 앙포라는 지중해 바닷속에서 자주 발견되곤 한다. 앙포라를 싣고 가던 선박이 풍랑이나 해적을 만나 침몰하는 일이 많았기 때문이다.

프랑수아 칼라타이
벨기에 왕립도서관 연구원

1990년대에는 1,200~1,300척이 넘는 난파선을 발견했습니다. 지금까지 지중해 연안을 따라 보통 매년 50척 정도 발견하죠. 현재 발견된 난파선 수는 2,000척에 달합니다.

지중해의 난파선 숫자는 로마의 경제 규모를 파악하는 데 아주 중요한 단서가 된다. 그런데 한 가지 흥미로운 점이 있다. 기원전 400년부터 가파르게 증가하던 난파선 숫자가 갑자기 정점에서 급격히 감소

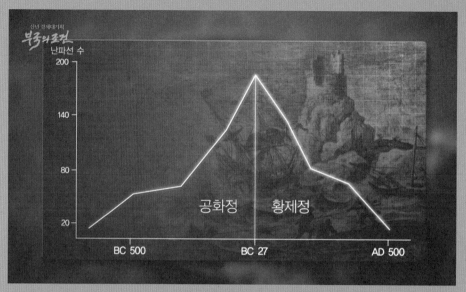

난파선 수

200

140

80

20

공화정   황제정

BC 500   BC 27   AD 500

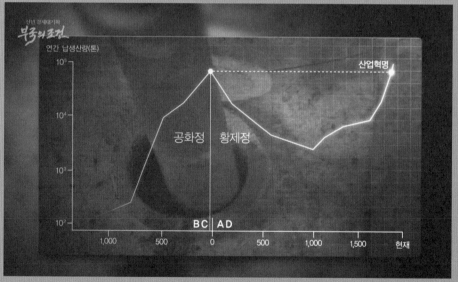

연간 납생산량(톤)

10^9

10^4

10^3

10^2

산업혁명

공화정 황제정

BC | AD

1,000   500   0   500   1,000   1,500   현재

로마의 경제 규모를 파악하는 데 단서가 되는 지중해의 난파선 숫자(위)와 납 생산량(아래)은
공화정에서 황제정으로 넘어가는 시기에 급감한다.

하기 시작한 것이다. 이 시기는 로마의 정치제도가 공화정에서 황제정으로 변화한 때와 거의 일치한다.

비슷한 연구결과는 그린란드 빙산 연구에서도 확인된다. 2007년 전 세계 14개 나라 학자들이 그린란드 빙핵 연구에 착수했다. 학자들은 지표면에서 수천 미터를 파고 들어가 빙핵을 채취했다. 수만 년에 걸쳐 겹겹이 생성된 빙하에는 시대별 지구의 대기 정보가 담겨 있다. 대기 중의 중금속 성분이 눈과 함께 내리면서 마치 지층처럼 빙핵 속에 쌓여왔는데, 이 얼음은 환경의 독특한 기록 보관소다. 인간의 역사뿐 아니라 그 이전 시기의 환경까지 추적할 수 있다.

학자들이 주목한 것은 빙핵 속에 함유된 납 성분이다. 로마가 번영했던 시기에 공기 중에서 유난히 많은 납 성분이 발견되었는데, 이것은 로마의 활발했던 화폐 유통을 말해준다. 당시 은화 제조는 납을 사용해야만 가능했기 때문이다. 은을 추출하려면 2~3kg의 은을 빼내기 위해서 먼저 납을 몇 톤 정도 뽑아내야 한다. 연구결과 대기 중의 납 성분은 난파선 숫자와 마찬가지로 꾸준히 증가하다 황제정으로 넘어가는 시기에 감소하기 시작한다. 그리고 18세기 말 산업혁명 때 다시 같은 수준으로 올라간다.

이 두 가지 사례에서 보여주듯 로마 경제는 황제정으로 전환되면서 위축되기 시작했다. 모든 부가 황제에게 집중되어서다. 로마 시내엔 황제의 막강한 권력을 상징하는 건축물들이 들어섰고, 제국 확장을 위한 전쟁은 계속되었다. 막대한 전쟁 비용과 사치로 로마는 돈줄이 말라가기 시작했다.

로마 제국의 21대 황제인 카라칼라에 이르러서는 재정이 급속도로 나빠졌다. 카라칼라는 공동 통치자인 동생 게타를 어머니가 보는 앞에서 죽이고 단독 황제 자리에 오른 인물이다. 이후 대목욕장 '카라칼라 욕장'을 건설하고, 모든 자유민에게 로마 시민권을 부여하는 '안토니누스 칙령'을 반포하는 등 나름 시민의 인심을 얻고자 노력했다. 하지만 그는 결국 근위장관인 마크리누스에게 암살되는 최후를 맞이했다.

안토니누스 칙령은 표면적으로는 로마의 모든 자유민과 속주민에게 시민권을 부여해 화합의 정치를 하는 것처럼 보이지만, 악화된 재정을 시민의 세금으로 충당하고자 하는 의도였다. 안토니누스 칙령

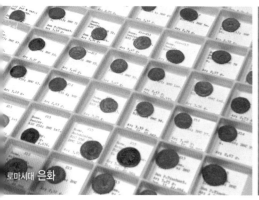

로마시대 은화

▌ 로마 시대의 은화. 카라칼라 황제는 자금을 마련하기 위해 은 함유량을 대폭 낮춘 은화를 발행하였다.

이후 황제는 세금을 올려 시민들로부터 많은 돈을 거두어들였다.

카라칼라 황제의 가장 큰 실책은 자금을 마련하기 위해 은 함유량을 대폭 낮춘 화폐를 발행해 시장에 강제 유통한 일이었다. 과거의 동전은 오늘날과 달리 동전 자체가 가치를 가지고 있었다. 동전 그 자체가 은이기 때문이다. 동전을 준다는 건 스스로 가치를 지닌 은 하나를 주는 것과 같다. 그런데 카라칼라는 은과 구리를 섞은 위조 동전을 만들어 시장에 내놓았다.

당시 은화는 두 가지 역할을 했다. 하나는 물건을 교환하는 화폐로서의 역할이고, 다른 하나는 황제를 표현하는 역할이었다. 은화에는 황제의 얼굴이 새겨져 있었다. 이는 오늘날처럼 매스미디어가 발달하지 않았던 시대에 황제의 얼굴을 알게 해주는 아주 좋은 방법이었다. 따라서 동전을 주조하는 데 쓰인 은의 함량을 통해 당시 정부의 경제 상황을 예측할 수 있다.

카라칼라는 처음엔 은과 구리를 섞는 선에서 위조 화폐를 만들었지만, 점차 경제 상황이 나빠지자 아예 은이 전혀 들어 있지 않은 화폐를 내놓았다. 이는 화폐의 가치를 급격하게 떨어뜨려 로마의 화폐 경제를 무너뜨리는 일로 이어졌고, 말할 것도 없이 서민의 생활은 훨씬 더 힘들어졌다.

마리아노 마라볼타
이탈리아 로마대학교 인문학부 교수

정부의 낭비와 공공부채가 늘어나는 상황에서 나온 가짜 은화는 화폐로서의 가치가 없어 사용할 수도 없었습니다. 이로 인한 피해는 일반 시민들에게 돌아갔습니다.

탐욕 앞에 무너진 창의력과 도전정신

　　　　　　　나라의 부가 황제에게 집중되면서 로마는 노예들의 노동에만 의존하는 허약한 경제로 전락했다. 자유로운 사고방식이 허용되지 않았던 노예들에게는 경제발전의 동력이 될 혁신적인 기술 또한 나올 수 없었다.

　오스트리아 출신의 경제학자 조지프 슘페터는 경제발전에는 '발명을 위한 연구', '혁신을 위한 개발', '상품화'라는 3단계가 필요하다고 주장한 바 있다. 이는 자본주의 사회뿐 아니라 모든 사회에서 경제발전의 필수 조건이 된다. 하지만 로마의 2대 황제였던 티베리우스는 이러한 현실을 외면했다.

　한 유리 장인이 유리꽃병을 들고 티베리우스를 찾아왔다. 그 장인은

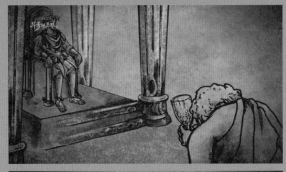

티베리우스 황제 앞에 한 장인이
그가 개발한 신기술을 들고 찾아
왔다.

기존 유리의 단점을 극복한 잘
깨지지 않는 유리를 발명한 것이
었다.

하지만 황제는 이 기술이 자신의
부에 영향을 줄 것을 우려했다.

결국 황제는 장인을 살해한 후
신기술을 묻어버렸다.

기존 유리의 단점을 극복한 신기술로 쉽게 깨지지 않는 유리를 개발해냈다. 그가 자신의 기술을 증명하기 위해 유리꽃병을 던졌더니 놀랍게도 유리는 깨지지 않았다. 황제가 물었다.

"비법을 아는 자가 또 있느냐?"

장인은 오로지 자신만이 알고 있다고 답했다. 그러자 황제는 그 자리에서 장인을 죽이라는 지시를 내렸다. 장인의 죽음과 함께 신기술도 묻혀버린 것이다. 황제는 왜 새로운 기술을 매장시켜버렸던 것일까? 그 이유는 황제가 보유하고 있던 금과 은에 있다. 그는 깨지지 않는 유리로 인해 자신이 가지고 있는 금과 은의 가치가 떨어질 것을 우려했다. 사회 전체의 발전보다 개인의 탐욕을 우선시한 결과였다. 권력자의 탐욕은 사회 구성원의 창의력과 도전정신을 꺾고 만다.

대신 황제는 사회 구성원들의 관심을 다른 쪽으로 끌기 위해 검투와 전차 경기를 연일 계속하게 했다. 위정자들의 실정이나 실책을 가리는 도구로 오락거리를 끊임없이 제공하면서 시민들의 비판 정신을 무력화시켰다.

마리아노 마라볼타
이탈리아 로마대학교 인문학부 교수

로마 시민들은 한때 세상의 주인이었습니다. 그들은 투표를 통해 가장 중요한 결정을 내리는 사람들을 선출했습니다. 하지만 권력자의 탐욕으로 빵과 서커스에 만족하는 보잘것없는 존재로 변했습니다.

어떤 학자들은 로마의 멸망이 카라칼라 시대부터 시작되었다고 한다. 화폐 경제의 붕괴, 어려워진 서민들의 삶, 계속된 전쟁 등이 로마를 멸망시킨 이유라는 것이다. 어떤 학자들은 로마의 멸망이 공화정의 몰락과 함께 시작됐다고 말한다. 역사학자 플라비오 비온도는 로마 멸망의 원인을 '공화정에서 황제정으로의 전환'에서 찾았으며, 시인 프란체스코 페트라르카는 "로마가 당한 모든 해악의 근원은 원천적으로 시민의 자유를 파괴한 카이사르다"라고 비판했다. 철학자 루키우스 세네카 역시 "로마 제국은 병들어, 남은 것은 사멸밖에 없다"는 예언을 남겼다.

▌시민들의 비판 정신을 무력화시키기 위해 로마에선 검투와 전차 경기가 계속되었다.

한 나라의 몰락은 하나의 이유에 기인하지 않는다. 부패한 정치, 쇠락한 경제, 타락한 문화 등이 복잡하게 얽혀 있는 상황에서 몰락의 결정타가 되는 사건이 있을 뿐이다. 국내 사정뿐 아니라 국외 사정도 몰락의 이유 중 하나였다. 로마 제국이 쇠락의 길로 걸어가는 동안 스페인, 갈리아, 게르만 등이 독립을 원하며 로마로부터 점차 멀어졌다.

하지만 확실한 것은 당시 지배계급은 그들이 가진 탐욕 때문에 국내와 국외의 변화를 감지하지 못했을 뿐 아니라 그에 대한 준비를 전혀 하지 못했다는 것이다. 하나였던 궁정이 4개로 늘어나고, 황제를 보좌하던 사람들의 숫자는 훨씬 많아졌다. 황제는 늘 많은 돈이 필요했고, 그 돈을 충족하는 방법은 세금을 더 많이 거둬들여 시민들의 지갑을 짜내는 것이었다. 자신의 이익에 반하면 새로운 기술도 과감하게 묻어버리는 황제의 이기심은 로마를 경제발전으로 이끌 수 없었다.

호민관 제도 같은 포용적 제도는 로마 번영의 열쇠였다. 하지만 그 제도를 무너뜨리고 대신 모든 권력이 황제에게 집중되는 상황이 전개된 순간 로마의 몰락은 예정된 수순처럼 진행될 수밖에 없었다. 로마 제국의 멸망을 통해 우리는 포용적 정치제도가 한 국가의 번영과 발전에 얼마나 큰 역할을 하는지를 배울 수 있다.

Chapter 2

기득권의 **탐욕**으로
몰락한 베네치아

계층 간 이동이 가능한 자유로운 사회

실패한 로마의 역사는 1,000년 뒤 또 한 번 반복된다. 같은 이탈리아 반도의 도시국가 베네치아에서다. 5세기경 북이탈리아 주민들은 이민족의 침입을 피해 베네치아의 근원이 되는 아드리아해의 해안가까지 피난을 왔다. 피난민들은 그곳에 집을 짓기 시작했고, 자연스럽게 마을이 형성되었다. 이후 더 많은 사람이 모이면서 도시를 이루게 되었다.

7세기에 이르러서는 주민들이 자체적으로 지도자를 뽑아 비잔티움 황제로부터 인정을 받았다. 도시국가 베네치아의 역사가 시작된 것이다. 이후로 1,000년 동안 베네치아는 118개의 섬과 400개의 다리로 연결된 도시국가로 존재해왔다.

베네치아는 비록 피난민들이 정착하면서 세운 도시국가지만 르네상스 시대엔 가장 부유한 나라 중 하나였다. 지중해의 해양 강국으로 유명세를 날렸으며, 지중해 무역을 거의 독점하다시피 했다. 간척지에 세운 이 작은 도시국가는 도대체 어떤 힘을 가지고 있었기에 이 같은 성과를 낼 수 있었을까?

베네치아 번영의 원동력은 정치사회 제도에서 찾을 수 있다. 계층 간의 이동이 자유로웠으며 상업 활동이 누구에게나 열려 있었다. 당시 많은 국가들이 그러하듯 베네치아 역시 계급사회였지만 자신의 능

▎100여 개의 섬과 다리로 연결된 베네치아는 상업을 통해 중세 유럽에서 가장 잘 사는 나라가 되었다.

력에 따라 얼마든지 계급 상승이 가능했다.

베네치아 공화국은 왕정체제를 유지하고 있던 다른 유럽 국가와 달리 공화정 체제였다. 왕정체제에서 최고 지도자는 황제이며 절대 권력을 행사한다. 황제의 권력이 약한 나라라 해도 엄격한 신분제도 가 있으며 귀족계급이 다수의 민중을 지배한다. 황제에게 모든 권력 이 집중되어 있든, 귀족계급이 권력을 나누어 가지고 있든 소수에 의 해 다수가 지배받는 방식에는 변함이 없다. 하지만 베네치아는 여타 의 유럽 국가에서는 전혀 볼 수 없는 특이한 정치체제를 유지하고 있었다. 바로 '도제 제도'다.

도제는 베네치아의 최고 통치자로서 귀족들에 의해 선출되었다. 도제 선출의 기준은 신분이나 부가 아니었다. 귀족 출신의 도제가 있 는가 하면, 시민 출신의 도제도 있었다. 아주 부유한 가문 출신도 있 으며, 그렇지 않은 가문 출신도 있었다. 도제는 '최고 통치자'일뿐 왕 은 아니었다. 따라서 세습이 되는 것도 아니며 황제와 같은 권력을 행사할 수도 없었다. 그의 권한은 제한적이었으며 대부분 의사는 대 평의회의 절차를 통과해야만 결정될 수 있었다.

또한 도제는 개인의 자유를 저당 잡힌 존재이기도 했다. 대표자로 서 직책에 있는 동안은 혼자 움직이는 것이 허락되지 않았기 때문이 다. 그는 항상 6명의 의원과 동행해야 했는데 그 의원들은 대의원에 서 선출된 행정관들이었다.

세바스티아노 지아니 도제
(재위 1172 ~ 1178)

┃ 상인 신분으로 도제의 자리까지 올라갔던 세바스티아노 지아니 도제.

대평의회는 베네치아 정치의 핵심적인 조직이다. 400명이 넘는 의
회는 매년 공정한 절차를 통해 구성원 100명을 교체했다. 비록 귀족
중심으로 꾸려져 있었지만 의원직의 세습은 불가능했고 상인 출신
의 평민도 의원이 될 수 있었다. 도제와 의회의 관계는 마치 오늘날
의 의회민주주의를 연상케 한다. 물론 오늘날처럼 국민들이 직접 대
표를 선출하는 방식은 아니지만, 한 사람의 권력자가 자신의 이익을
위해 움직이는 것을 막고 자유롭게 토론하고 결정하는 장이 마련되
어 있었다.

또한 자신의 능력에 따라 얼마든지 신분상승이 가능했다. 그런 인물
중엔 평범한 상인 출신으로 도제까지 오른 세바스티아노 지아니가
있다. 세바스티아노 지아니는 중세 베네치아의 정치와 행정의 중심

지인 두칼레 궁전 앞의 산마르코 광장을 건설한 인물로 유명하다. 오늘날 베네치아 여행에서 빠질 수 없는 관광지인 이 광장은 당시 사회적, 종교적, 정치적 중심지로 활용되었다.

페데리코 에트로
이탈리아 베네치아대학교 경제학과 교수

아주 역동적인 사회였고 상위 계층으로 올라가는 것이 가능했습니다. 이런 신분상승은 귀족이 태어나면서부터 정해지는 다른 도시에서는 찾아볼 수 없는 것이었습니다. 베네치아인은 상업을 통해 더 높은 사회적 위치에 도달할 수 있었습니다.

대평의회는 베네치아 공화국을 대표하는 단체지만 유일한 정치집단은 아니다. 대평의회 외에도 크고 작은 정치단체들이 있었다. 중하위층 사람들로 구성된 정치단체가 수 세기 동안 베네치아 정치에서 중요한 역할을 담당했다. 왕이나 귀족계급 같은 특권층이 아니었음에도 자유롭게 정치활동을 펼칠 수 있었다.

자유로웠던 분위기는 '가면 문화'에서도 엿볼 수 있다. 지금도 베네치아에서는 전통 방식으로 제작된 가면을 곳곳에서 볼 수 있는데, 이 가면은 중세 베네치아의 자유로운 사회상을 고스란히 담고 있다.

베네치아에선 도제와 의원, 귀족과 평민 할 것 없이 가면을 즐겨 썼다. 가면은 자신의 신분을 노출시키지 않으며, 반대로 상대방의 신분을 따지지 않게 만든다. 베네치아 사람들은 축제나 카지노에서 주로 가면을 썼지만 딱히 특수한 날에만 썼던 것은 아니다. 모든 사람들은 가면을 마음대로 쓸 수 있었다. 가면을 쓰는 것을 금하지 않았기 때문에 연중 6개월 이상 쓰기도 했다. 가면은 베네치아인의 일상과 밀접한 관계를 가지고 있었다.

가면은 기본적으로 자신을 숨겨준다. 어디서 어떤 일을 하든 타인의 시선에 노출되지 않는다. 귀족은 특별한 계층에 속해 있었지만 가면을 쓰는 순간 평범한 인간으로 일상을 즐길 수 있었다. 시민들 역시 가면을 씀으로써 자신의 신분에 구애받지 않았다. 가면을 쓴 후엔 서로 '가면 부인님'이라 부르며 계층 간에 실질적인 차이 없이 대했다. 가장 낮은 계층인 일꾼도 가면을 쓰면 높은 신분의 사람과 어울려

▎베네치아는 사회 계층이나 신분에 상관없이 가면을 쓰고 서로 교류하며 즐길 수 있었던 자유로운 사회였다.

놀 수 있었다.

가면은 다양한 계층의 사람들이 신분에 얽매이지 않고 교류하거나 즐거운 시간을 보내는 일종의 약속과도 같은 것이었다. 이 같은 문화는 베네치아가 얼마나 자유로운 도시였는지를 잘 보여준다.

상업을 통한 부의 축적

베네치아는 13~14세기에 이탈리아 전역에서 가장 큰 규모의 무역을 하는 무역 강국으로 성장했다. 동지중해 무역을 독점해 유럽 최고의 부국으로 자리 잡았다. 작은 도시국가에 불과했던 베네치아가 이 같은 성장을 할 수 있었던 것은 상업 활동이 자유로웠던 사회 분위기 덕분이다.

베네치아의 정치는 상업을 장려하는 쪽이었다. 지배층은 상업에 도움이 되는 법안을 만들었고, 다른 대륙으로의 무역을 정부가 맡아서 진행하기도 했다.

비토리오 크리스쿠올로
이탈리아 밀라노대학교 역사학과 교수

베네치아인의 주요 활동은 상업이었고 그들은 항상 장사하는 사람들이었습니다. 베네치아의 부는 이후에도 상업을 통해서 축적됐습니다.

《동방견문록》으로 유명한 마르코 폴로도 베네치아의 상인 가문 출신이다. 그는 13세기 가족과 함께 중국 원나라까지 원정무역을 다녀왔다. 이때 향신료를 수입해왔고, 그가 베네치아의 중심 리알토를 통해 수입한 향신료는 유럽 전역으로 전해졌다. 자원이라곤 소금과 생선뿐이었던 베네치아 상인들은 동방에서 향신료와 비단, 도자기 등을 들여와 유럽 시장에 비싼 값에 팔았다. 그런데 이는 베네치아 정부가 적극적으로 나서지 않았다면 불가능한 일이었다. 당시 개인은 정부의 보호 아래에서만 원정무역을 할 수 있었다. 엄청난 규모의 원정무역에 필요한 선박은 정부의 도움 없이 해결하기 힘들었다.

마르코 폴로
(1254 ~ 1324)

▎ 베네치아의 상인 가문 출신인 마르코 폴로는 동방에서 수입한 향신료를 유럽 전역에 팔았다.

코멘다(Commenda) 계약

┃ 젊은 상인들은 일종의 벤처 계약인 코멘다를 통해 귀족이나 부유층의 투자를 받아 원거리 무역을 할 수 있었다.

베네치아에 주거지를 둔 사람은 누구나 다 상업 활동을 자유롭게 할 수 있었던 것도 무역 국가로 자리매김하는 데 지대한 영향을 미쳤다. 시민들은 자신의 능력이나 의지에 따라 얼마든지 상업 활동을 할 수 있었고, 귀족들은 큰 규모의 원정무역이 가능하도록 도움을 주었다. 그 대표적인 예가 '코멘다'라는 독특한 계약제도다.

코멘다는 재력이 없는 상인들도 귀족이나 부유층의 투자를 이끌어내어 원거리 무역을 할 수 있는 일종의 벤처 계약제도다. 자본은 없지만 능력 있는 젊은 상인들은 코멘다 제도를 통해 투자자를 모집했다. 사업이 성공하면 부를 쌓는 것은 물론 신분상승도 가능했다. 투자자들은 위험부담을 안는 대신 일정한 수익을 보장받았다. 코멘다를 통해 무역은 더욱 활발해졌고, 귀족과 상인은 함께 부를 축적하며 도시 전체의 부를 높이는 결과를 만들어냈다.

비토리오 크리스쿠올로
이탈리아 밀라노대학교 역사학과 교수

투자자들은 상인들이 그들을 위해 이집트, 시리아 등 먼 곳에 가서 무역을 대신 해주기를 원했습니다. 보통 4분의 1이 상인의 몫이었습니다.

베네치아는 당대 최고 수준의 조선 기술을 보유했다. 바로 이 때문에 원거리 무역까지 가능했던 것이다. 오늘날처럼 육로 교통이 발전하지 않았던 시대에 강이나 바닷길은 해상무역의 중요한 열쇠였다.

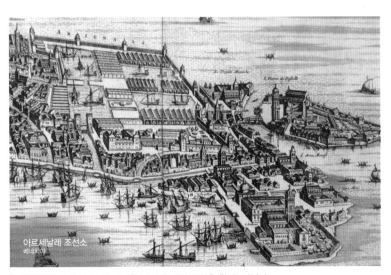

아르세날레 조선소
베네치아

▎베네치아는 조선 기술이 발달한 덕에 원거리 무역을 할 수 있었다.

12세기 초기 베네치아는 대규모 조선 계획에 착수했다. 이후 한 세대 만에 3만 6,000명의 선원을 배치한 3,300척의 전함을 갖추게 되었고, 섬의 동쪽 끝에 위치한 아르세날레에 지중해 최대의 해군기지를 만들었다. 해군기지는 목재를 대량으로 공급받을 수 있는 삼림지대에 인접해 있어서 조선소를 겸하기에도 유리했다. 기술자, 해군, 선원 등이 이곳에 둥지를 틀고 살면서 아르세날레는 세계 최초로 공업지대를 형성했다. 대항해 시대를 열었던 유럽의 다른 국가들이 15세기부터 신항로를 개척하고 조선 기술에 공을 들이기 시작한 것에

▌작은 간척지로 시작한 베네치아의 영토는 13세기 들어 크게 확대되었다.

비하면 굉장히 빠른 것이다. 베네치아는 발달된 조선 기술로 지중해뿐 아니라 동방 무역까지 독점하며 엄청난 부를 획득할 수 있었다.

작은 간척지에서 시작된 도시는 그 위상을 더욱 확장해갔다. 13세기 들어 베네치아의 영토는 펠로폰네소스 반도와 크레타 섬, 키프로스, 동로마 제국의 수도였던 콘스탄티노플까지 확대되었다.

로마 시대 사람들이 로마는 결코 멸망하지 않으리라 믿었던 것처럼 베네치아 사람들도 베네치아의 번영이 지속되리라 여겼을 것이다. 최대의 해군기지를 보유한 군사 강국이면서 유럽 그 어떤 나라보다 부유한 상업 강국이었던 베네치아는 예술과 문화에서도 뛰어난 성과를 보였다. 하지만 강하고 아름다운 도시국가의 번영은 귀족들이 의외의 선택을 하면서 막다른 운명을 맞게 된다.

폐쇄적인 사회로의 역행이 가져온 몰락

베네치아의 황금시대는 중세와 르네상스를 지나 이후에도 계속되었다. 베네치아는 단지 상업으로 부국을 이룬 수준에 머물지 않았다. 예술, 건축 등에서 두각을 나타냈으며 교역을 통해 그들의 문화를 전파하기도 했다. 오늘날까지 알려진 천재 예술가 티치아노 베첼리오, 틴토레토, 조반니 벨리니 등은 베네치아에서 왕성한 활동을 펼쳤던 예술가다. 이처럼 베네치아의 번영은 경제, 정치, 문화, 예술 등 모든 분야에서 두각을 나타냈다.

하지만 이제 무역 강국으로서의 베네치아는 흔적조차 찾을 수 없다. 황금시대에 이룬 건축, 문화 등이 오늘날 베네치아의 수입원이 되어 있을 뿐이고 일자리라곤 호텔, 식당, 곤돌라 같은 관광 관련 분야 정도다.

베네치아의 쇠퇴는 완만한 곡선을 그리며 진행되었다. 16세기의 아메리카 대륙 발견은 유럽, 중동, 아시아와의 무역에 큰 변화를 가져왔다. 그럼에도 부국 베네치아는 건재했다. 크게 발전하지는 않았지만 크게 퇴보하지도 않았다. 하지만 1826년 대평의회가 의원 선출 방식을 전격적으로 개정하면서 베네치아는 큰 변화를 겪게 된다.

기존의 대평의회에서는 매년 새로운 의원을 영입했다. 의원으로 선출된 사람은 단 1년 동안 그 직위를 보장받았다. 하지만 개정된 법은 4년간 의원직을 지내면 자동으로 의원직을 지속적으로 보장받을 수 있게 만들었고, 신입 의원 지명은 귀족 의원들의 승인을 거치도록 했다. 매년 능력에 따라 선출되었기에 적당한 긴장감을 가졌던 것과는 달리 퇴직이 없는 영구직으로 전환되어버린 것이다.

무엇보다 세습 금지 원칙을 깨고 아들과 손자에게 의원직을 대물림하면서 평민들의 대평의회 진입을 봉쇄했다. 신흥 세력의 급성장에 위기감을 느낀 귀족들이 기득권 지키기에 나선 결과였다.

대평의회 의원 세습화

▌ 베네치아는 귀족들이 의원직 세습을 통해 평민들의 의원 진출을 봉쇄하면서 폐쇄적인 사회
로 역행하기 시작했다.

비토리오 크리스쿠올로
이탈리아 밀라노대학교 역사학과 교수

베네치아의 역사에서 대평의회 봉쇄는 중요한 의미가 있습니다. 몇몇 가문에 정치권력이 집중되는 현상이 생겼죠.

대평의회를 장악한 귀족은 이어 '황금의 책'이라는 귀족 명부를 작성했다. '황금의 책'에는 귀족 가문 사람의 태생과 결혼이 기록되어 있었다. 그리고 이 명부에 이름을 올리지 못한 가문은 더 이상 대평의회에 참가할 수 없게 공식화해버렸다. '황금의 책'은 신분상승의 기회가 열려 있던 베네치아가 폐쇄적인 사회로 역행하고 있음을 보여주는 신호탄이었다. 이후 코멘다 제도까지 철폐되었다.

제임스 A. 로빈슨
미국 하버드대학교 정치학과 교수

기득권을 가진 귀족들은 자신들의 정치체제를 안정시키기 위해 경제적 번영을 희생했습니다. 그 이후 베네치아는 급격하게 쇠퇴하기 시작했습니다.

베네치아의 시계가 중세에 멈춰버린 동안 다른 유럽 국가들은 국가의 구조를 정립하고 원거리 해상무역을 위한 선박 기술을 개발하고 발전시켰다. 신대륙 발견으로 유럽 무역의 중심이 지중해에서 대서양으로 옮겨가는 시대의 변화에 대응하는 데도 발 빨랐다. 반면 베네치아는 더 이상 시대 변화에 대응하지 못했다. 기득권의 탐욕이 포용적 시스템을 폐쇄하는 순간 번영했던 국가는 몰락을 피할 수 없었다. 이것이 베네치아가 주는 교훈이다.

Chapter 3

왕실의 **탐욕**으로 **해**가 져버린 **스페인**

식민지 무역을 독점한 왕실

때로는 많은 부를 쌓는 것보다 그것을 유지하는 것이 더 어려운 때도 있다. 역사적으로 수많은 나라가 부국강병을 이루었다가 역사의 뒤편으로 사라지거나 몰락의 길을 걸었다.

앞에서 살펴본 로마 제국의 멸망과 베네치아의 쇠락에는 소수에 집중된 권력과 특권층의 독점이라는 공통점이 있다. 교만하고 사치스러우며 권력을 남용하는 위정자가 그 자신이나 그가 속한 집단의 이익을 위해 움직이는 순간, 국가의 발전은 요원한 일이 되어버린다.

그래서 소수의 권력이 함부로 힘을 사용하지 못하도록 사회 전체가 막아낼 수 있는 시스템이 필요한 것이다.

하지만 대항해 시대의 유럽은 대부분 국가가 왕정체제였기 때문에 엄청난 부를 획득하고도 시민의 복지보다 왕실의 탐욕을 채우는 일이 많았다. 그 대표적인 예가 스페인이다.

신대륙을 발견한 콜럼버스는 처음 항해를 떠나기 전 스페인의 이사벨 1세와 비공식적으로 조약을 맺었다. 이 조약엔 항해에 대한 조건뿐 아니라 신대륙 발견 이후의 조건에 대한 사항까지 있었는데, 대표적으로 신대륙을 발견하게 되면 콜럼버스가 총독이 되는 조항이 있었다. 대신 이사벨 1세는 신대륙에 대한 권한을 갖게 되었다. 이 권한에는 식민지에서 나오는 수입도 들어 있었다.

이 조약은 국가를 대표하는 왕과 개인인 콜럼버스 간의 협력 계획이다. 콜럼버스가 먼저 모험을 제안했고, 왕은 이 제안을 받아들였다.

"버스가 여기서 죽다"

산타마리아호
콜럼버스 신대륙 항해 선박

▎대항해 시대, 콜롬버스의 신대륙 발견은 스페인을 유럽 최고의 부국으로 만들었다

그리고 콜럼버스는 이사벨 1세의 지지를 받고 떠난 항해 길에서 결국 신대륙을 발견했다. 이는 스페인 역사를 완전히 바꿔놓는 거대한 사건이었다.

신대륙의 발견으로 스페인 항구도시 세비야의 역할이 크게 달라졌다. 세비야 항은 신대륙으로 가는 승객과 물품의 출발지로 독점적 지위를 유지했다. 신대륙으로 향하는 모든 사람과 물건은 정식적인 절차를 거쳐서야 세비야 항을 이용할 수 있었다. 세비야는 그야말로 경제 중심지였던 셈이다.

신대륙 발견은 스페인의 위치를 더욱 우월하게 만들었다. 정치, 경

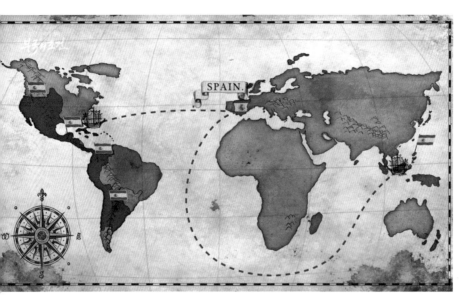

▌영토 확장 전쟁을 벌여 유럽과 아메리카, 아시아에 이르는 대제국을 건설한 스페인은 '해가 지지 않는 나라'로 불렸다.

제, 외교적으로 세계의 중심에 섰고, 최고의 항해국이 되었다. 식민지를 통해 얻은 막대한 수입은 스페인을 유럽 최고의 부국으로 만들었다. 특히 멕시코와 볼리비아의 광산에서는 엄청난 규모의 금과 은을 스페인에 안겨주었다. 신대륙 발견 후 100년간 보물 상자에 담겨 스페인으로 유입된 은은 약 3,000여 톤에 이른다.

이 모든 부의 최고 수혜자는 스페인 왕실이었다. 왕실은 권위와 막강한 경제력을 과시하기 위해 교회는 물론 주요 건물을 온통 귀금속으로 치장했다. 이사벨 1세부터 카를로스 1세, 펠리페 2세에 이르기까지 스페인은 약 120년간 부유한 제국의 위상을 세계에 떨쳤다. 막대한 자본을 바탕으로 영토 확장 전쟁을 벌여 유럽과 아메리카, 아시아에 이르는 대제국을 건설했다. '태양이 지지 않는 나라'라는 별칭도 이 무렵 만들어졌다.

하지만 스페인의 황금시대는 길지 못했다. 추락을 자초한 것은 바로 왕실이었다. 1503년 신대륙 무역의 거점 도시였던 세비야 항구에 상무청이 설립되었다. 식민지를 오가는 무역선은 반드시 이곳에서 상거래 신고와 화물등록을 해야 했고, 상인들 간의 분쟁도 상무청이 처리했다. 식민지 무역을 효과적으로 관장하겠다는 뜻이었지만, 실상은 왕실이 모든 식민지 무역을 독점하기 위해서였다. 한발 늦게 신대륙 개척에 나섰던 영국이 민간의 교역을 자유롭게 개방했던 것과 달리, 스페인은 높은 세금을 물리고 왕실이 무역을 철저히 통제했다.

▍민간인들의 교역을 자유롭게 개방했던 영국과 달리 스페인은 왕실이 모든 식민지 무역을 독점했다.

제임스 A. 로빈슨
미국 하버드대학교 정치학과 교수

영국에서는 상인들이 일종의 거대한 사회집단을 형성해 제도 변화를 꾀하고 재산권을 보장하는 등 더욱 개방적인 정치체제를 추진했습니다. 이들은 지도자를 압박하고 군주제를 통제하는 역할을 맡았습니다. 이것이 바로 스페인에서는 나타난 적이 없는 사회적 동력입니다. 스페인에서 이런 집단이 형성될 수 없었던 것은 군주가 무역 거래를 극심하게 통제했기 때문입니다.

가혹한 세금에 시달리는 국민들

스페인 왕실은 막대한 부를 독점하고도 재정 상태가 좋지 못했다. 당시 대표적 상업도시의 박물관에서 소장하고 있는 물품 중 가장 많은 것이 왕실에서 발행한 세금영수증이다. 왕실은 각종 명목으로 새로운 세금을 징수했다. 심지어 방목하는 가축들에도 통행세를 받았다. 이렇게 많은 돈이 필요했던 이유는 왕실의 탐욕에서 기인한 끊임없는 전쟁 때문이다. 매 전쟁마다 천문학적인 자금이 투입되었다.

16세기 스페인은 식민지 건설로 대제국을 이루는 한편 유럽 대륙의 패권 전쟁에도 뛰어들었다. 펠리페 2세는 스페인으로부터 독립하려는 네덜란드와 80년 전쟁을 시작하였고, 1571년엔 오스만 제국과 지중해를 놓고 레판토 해전까지 벌이게 된다. 스페인의 통치 영역은 아시아, 아메리카의 식민지뿐 아니라 유럽 대륙의 곳곳에 흩어져 있었다. 통치 영역이 많다는 것은 그만큼 많은 방어를 해야 한다는 것을 뜻했으며, 늘 전쟁에 휩쓸릴 수밖에 없는 상황을 만들어냈다.

오랜 전쟁으로 고통받은 사람들은 농민이었다. 그들은 강제 징집으로 전쟁터로 내몰렸을 뿐 아니라 스페인 왕실이 필요에 따라 부과한 세금에 시달려야 했다. 왕실은 직접세, 간접세 등 거의 모든 것에 세금을 붙였고 그 종류도 다양했다. 전쟁터가 되어버린 땅은 더 이상

1544년 스페인 vs 프랑스
1554년 스페인 vs 프랑스
1566년 스페인 vs 네덜란드
1571년 스페인 vs 투르크(레판토해전)
1588년 스페인 vs 영국(무적함대)

▍ 스페인 왕실은 영토를 확장하기 위해 끊임없이 전쟁을 벌였다.

밭을 갈 수 없을 정도로 황폐해졌고 많은 사람이 죽임을 당했지만, 왕실의 세금 요구는 가혹하기만 했다.

신대륙에서 가져온 막대한 부는 농민들에겐 그저 먼 나라의 이야기일 뿐이었다. 급기야 1640년대에는 스페인 북동부의 카탈루냐, 남서부의 안달루시아, 서해안의 나폴리에서 각각 반란이 일어났다. 국가나 왕실에 대한 농민들의 반발이 걷잡을 수 없이 커져 버린 것이다. 그러한 가운데 스페인 왕위 전쟁까지 발발했다. 결국 스페인은 외세의 침략에 대처할 힘을 가지지 못했고, 프랑스와 오스트리아에 일부 영토를 빼앗기게 되었다. 이로써 스페인은 강대국의 지위를 잃게 된다.

안토니오 산체스델바리오
스페인 페리아스 박물관 관장

그 당시 스페인 왕실은 항상 전쟁을 벌였습니다. 왕실이 전쟁을 벌인 것은 자신들의 이익을 위해서였습니다. 다른 왕국과 싸워서 많은 영토를 차지하려고 했던 겁니다.

이자를 갚지 못한 왕실의 파산 선언

식민지에서 빼앗은 부는 왕실을 비롯해 귀족들의 사치를 부추겼다. 그들에게 식민지는 화수분이었다. 아무리 써도 계속 제공되는 귀금속은 그들에게 마치 영원한 부를 약속하는 듯했다. 하지만 그들의 사치스러운 생활은 그들에게 들어오는 귀금속보다 더 넘쳐났다. 게다가 농민들에게 걷는 세입도 줄어들고 있었다. 결국 그들은 자신도 모르는 사이에 빚더미에 올랐으며, 지방도시는 세금을 걷어 구멍 난 재정을 메워줘야 했다.

그 결과 카스티야 지역을 중심으로 지방 의회가 왕실에 반기를 들고 반란을 일으켰다. 그러나 카를로스 5세는 비판에 귀를 닫고 오히려 대규모 군사를 동원해 반란군을 무자비하게 진압했으며, 최대

엘에스코리알 궁전
마드리드 서부

후로
왕실 채권

▌재정악화에도 불구하고 엘 에스코리알 궁전을 지은 왕실은 부족한 돈을 충당하기 위해 왕실
채권인 후로 발행을 남발했다.

상업도시인 '메디나 델 캄포' 전체를 불태워버렸다.

  그 후 왕위에 오른 펠리페 2세는 상인에게 귀족 증명서를 발급해

주고 그 대가로 돈을 받는 방식으로 경제적 이득을 취하기 시작했다.

그럼에도 만성적인 재정악화에 시달렸다. 다양한 방법으로 부를 획득해도 항상 돈이 부족했다. 그러다 보니 군사들에게 지급할 돈이 없거나 은행에서 빌린 돈을 갚아야 할 때면 관리를 통해 돈을 빌려줄 사람을 찾는 일이 반복되었다. 돈을 가진 사람은 돈을 빌려주는 대신 귀족 신분을 부여받거나 독점 상권을 보장받는 등의 혜택을 누렸다.

이러한 상황임에도 펠레페 2세는 '엘 에스코리알'을 지었다. 유네스코가 세계문화유산으로 지정한 이 궁전은 수도원과 박물관까지 있는 일종의 복합시설이다. 특히 수도원은 카를로스 5세를 비롯한 많은 왕들의 무덤을 모실 목적으로 만들어졌다. '왕립 판테온'으로 삼은 것이다(판테온은 그리스어 '판테이어온'에서 유래한 말로 '모든 신을 위한 신전'이라는 뜻을 가지고 있다). 왕립 판테온은 스페인 왕들의 권위를 상징적으로 보여주는 것으로 실제로 대부분 왕이 이곳에 묻혔다. 엘 에스코리알 도서관에는 귀중한 필사본을 비롯하여 4만 권 이상의 장서가 소장되어 있다.

평범한 왕궁이 아니라 그 이상의 어마어마한 규모를 자랑하는 엘 에스코리알은 건립하는 데 많은 비용이 들 수밖에 없었다. 펠리페 2세는 은행가들에게 돈을 빌렸고, 모자란 돈은 채권을 발행해 충당했다. 연금처럼 정기적인 이자 수입을 보장한 '후로'는 투자 가치가 높은 채권이었다. 그러나 왕실이 채권 발행을 남발하면서 왕실 수입의 65%가 이자로 지출되는 상황까지 벌어졌다. 심지어 펠리페 2세는 은행 이자를

| 채권 이자를 갚지 못한 펠리페 2세는 네 번이나 파산을 선언했다.

갚지 못해 무려 네 번이나 파산을 선언했다. 일종의 부도였다.

16세기 중후반 펠리페 2세 때 발생한 부도 상황은 그 당시 모든 경제체제를 무너뜨릴 만큼 규모가 컸다. 왕이 부채를 책임지지 않은 탓에 돈을 받지 못한 사람들은 그다음 대상들에게 돈을 지불할 수 없는 상황이 연이어 발생했다. 연쇄적인 부도는 결국 가장 낮은 계층에까지 영향을 미치게 되었고, 가뜩이나 어려운 생활을 더 어렵게 만들어버렸다.

이 같은 상황은 한 귀족 가문이 지배하는 작은 지역에 큰 타격을 주었다. 메디나 델 캄포 같은 도시는 상거래가 사라지면서 2만 명이었던 인구가 3,000명 이하로 줄어들었다. 세고비아, 아빌라 같은 카스티야 지역의 모든 도시들은 쇠퇴의 길로 들어섰다. 왕실의 방만한 재정에 힘들었던 것은 지방도시 의회들이었다.

안토니오 산체스델바리오
스페인 페리아스 박물관 관장

왕이 빚을 갚지 않으면 왕의 채권자도 채무자에게 빚을 갚지 못하게 되고 순차적으로 지불불능 사태가 벌어집니다. 그렇게 되면 결국 사회의 가장 밑바닥 계층이 어려움에 처합니다. 물론 좀 더 복잡한 과정을 거치지만 이런 식으로 경제체제가 완전히 무너지게 됩니다.

스페인 제국이 쇠락할 무렵, 세르반테스는 소설 《돈키호테》를 썼다. 거인에 맞서겠다며 풍차로 돌진하는 돈키호테는 주변국들의 성장에도

▌스페인이 왕실의 탐욕과 허영으로 몰락해가는 동안 영국과 네덜란드는 신대륙을 새로운 성장 동력으로 바꿨다.

불구하고 과거의 환상에 젖어 맥없이 추락해가던 스페인의 모습이 기도 하다. 왕실의 탐욕은 스페인을 부국에서 끌어내렸으며 스페인 경제는 신대륙 발견 이전보다 더욱 악화되었다.

영국과 네덜란드가 신대륙을 새로운 성장의 동력으로 바꿔가는 사이 스페인은 왕실의 탐욕과 허영으로 기회를 놓쳐버렸다. 사회 전체의 생산성을 무시한 채 대부분의 돈을 전쟁에 쏟아 붓거나 개인의 이익을 위해 사용했다. 19세기에 들어설 때까지 영토의 90%가 네 사람과 교회의 소유였을 정도로 빈부 격차가 극단적으로 벌어졌다.

이러한 이유로 유럽이 산업혁명의 분위기에 고무되어 있을 때도 스페인에선 산업화가 일어나지 못했다. 몇 안 되는 사람이 자신들의 이익을 위해 전체 사회를 지배하는 사회에서 생산적인 발전은 먼 나라의 일로만 여겨졌을 것이다.

Chapter 4

평등하지 않은 분배로 침몰한 소련

최초의 공산주의 국가의 탄생

권력 독점은 20세기로 건너오면서 새로운 형태로 드러나기 시작했다. 1917년 10월 25일, 러시아 상트 페테르부르크 네바 강가에 정박되어 있던 오로라호에서 함포가 발사되었다. 목표는 황제 니콜라이 2세가 살고 있던 겨울 궁전이었다. 이것은 10월 혁명의 신호탄이었다.

흔히 볼셰비키 혁명으로 불리는 10월 혁명은 레닌이 이끄는 공산주의자들과 민중에 의해 이루어졌다. 그들은 오로라호에서 공포탄을 발사하자 겨울 궁전으로 전진했다. 겨울 궁전은 러시아군과 사관학교 생도 등이 방어를 맡았지만 거의 저항하지 않아 무혈혁명으로 입성할 수 있었다. 니콜라이 2세는 황제의 자리에서 내려와야 했고 대부분의 각료가 체포되었다. 그리고 1년 후 러시아의 마지막 황제가 되어버린 니콜라이 2세는 총살당하고 만다.

제정 러시아는 1721년에 표트르 대제가 세운 군주제 국가였다. 표트르 이전의 러시아는 광대한 영토를 가지고 있는 국가였지만, 다른 유럽에 비해 낙후되어 있었다. 러시아 국민의 90%에 달하는 농노들은 늘 가난과 배고픔에 시달려 40살까지 사는 사람이 드물 정도였다. 귀족조차 제대로 된 교육을 받지 못하는 현실이었기에 글을 아는

┃ 10월 혁명은 레닌이 이끄는 공산주의자들과 분노한 러시아 민중이 겨울 궁전을 습격하는 것으로 시작되었다.

이가 드물었다. 유럽보다 현격히 뒤처진 기술력 때문에 국가 운영에 필요한 기술은 외국 기술자들을 초빙하는 것으로 대처하기도 했다. 그러한 가운데 표트르가 나타났다.

표트르는 러시아가 발전하지 못한 이유를 '폐쇄성'에 두었다. 일단 지리적인 측면에서 폐쇄적이었다. 러시아를 둘러싼 북극해와 태평양은 혹한 때문에 항해에 적합하지 않았다. 발트해와 흑해로 향하는 길목은 스웨덴과 투르크가 차단하고 있었다. 정치적으로도 외국의 문물이 들어오는 것을 막고 자국민이 나가는 것을 막았다. 러시아에 들어온 외국인도 러시아인과 만나는 것이 차단되어 있었다.

표트르는 유럽의 여러 나라를 돌아다니며 대항해 시대를 열었던 그들의 항해 기술을 비롯해 모든 것을 배워 새로운 러시아를 만들어야 한다고 생각했다. 그리고 그 생각은 러시아에 개혁을 가져다주었다. 조선 기술과 해양 기술을 비롯해 중공업, 제철, 광산업 등을 발전시켰으며 수많은 공장을 건설했다. 군대를 증강하고 제국으로서의 입지를 다져 간신히 유럽의 일원으로 인정받았다.

하지만 정작 근대화가 필요했던 농촌에는 어떤 개혁도 이루어지지 않았다. 전 국민의 대부분이 농노였음에도 농노제는 폐지되지 않았으며 오히려 착취가 더 강화되었다. 제국으로서의 입지는 다졌지만 국민들의 생활은 전혀 나아지지 않았다. 이는 표트로 대제 이후 황제 자리에 올랐던 알렉산드르 2세나 알렉산드르 3세도 마찬가지였다. 왕이 바뀌고 그 왕들이 각자의 생각에 따라 정책을 바꾸었지만, 농노들의 삶은 여전히 궁핍하기만 했다.

알렉산드르 3세를 이어 1894년 황제로 즉위한 니콜라이 2세 역시 시대와 민중의 요구에 반하는 정치를 펼쳤다. 언론을 감시하고, 소수민족과 유대인을 박해했으며, 민중을 수탈했다.

'피의 일요일'로 역사에 남은 1905년 1월 22일, 굶주림에 지친 노동자들이 황제에게 급료를 올려달라는 청원을 하기 위해 궁으로 향했다. 그 수는 무려 20만 명에 달했다. 그러자 황제의 군대는 민중들을 향해 총을 쏘았으며 심지어 대포까지 발포했다. "병사들이여, 국민들을 쏘지 마라"는 외침은 아무 소용도 없이 수천 명의 민중이 죽거나 다쳤다. 이후 노동자 파업과 민중들의 시위는 전국적으로 확산되었다. 66개 도시에서 44만 명에 이르는 노동자들이 파업에 동참했다. 바로 그해 10월에 또 한 번의 대규모 파업이 있기까지 크고 작은 봉기는 2,700여 차례나 일어났다.

러시아 경제는 파탄에 빠졌고 민중들의 삶은 더 팍팍해졌다. 황제와 왕실, 귀족에 대한 민중의 분노가 들끓었다. 그 분노는 마침내 1917년 10월 혁명으로 드러났다. 이로써 1,000년 넘게 지속되어온 제정 러시아를 종식시키고 최초의 공산주의 국가 소련이 탄생했다.

국가가 모든 것을 결정하는 시스템

소련의 정식 명칭인 '소비에트 사회주의 공화국 연방'에서 소비에트는 '노동자와 농민 평의회'라는 뜻이다. 국가의 명칭에서 보듯 소련은 왕이나 귀족 등 지배계급이 아니라 농민과 노동자가 주인이 되는 세상을 이루고자 했다. 이 같은 갈망은 당시 전 세계적으로 일어나고 있었기에 10월 혁명의 성공은 매우 고무적인 일이었다.

그러나 혁명 후의 세상은 러시아 민중들이 바라는 대로 흘러가지 않았다. 스탈린 통치 아래의 소련은 국가가 모든 경제를 통제하는 것으로 나아갔다. 사기업 운영을 금지하고 국영공장이나 기업만을 허가하는 체제가 되었다. 개별적인 상업 활동은 모두 법의 테두리 밖에서 이루어졌다. 공식적으로 자유로운 상업 활동이 금지되었기 때문이다.

혁명 후 시행된 전체 배급 제도로 인해 노동자들은 임금이 아닌 물품을 배급받았다. 소비가 없는 시장은 곧 경직되었으며 경제발전에 지대한 영향을 끼쳤다. 하지만 이는 체제가 바뀌는 과도기적 상황의 역기능 중 하나였을 뿐이다. 이후 소련 공산당은 사업을 활성화시키는 신경제 정책을 도입해 상업 활동이나 시장경제를 일부 허용했다. 이로 인해 소기업이나 소규모 상업이 발전했으며 1930년대 초까지 회복기로 들어서기도 했다.

소련에서는 국가계획위원회인 고스플란이 모든 분야의 경제를 총괄하고 계획했다. 국가계획위원회는 우선 산업을 발전시키고 그 후에는 인프라 건설에 주력했다. 농업을 버리고 자동차, 트랙터, 탱크 기술 같은 것에 중점을 두었다. 특히 군사 분야의 개발을 우선시했다. 하지만 이러한 발전 역시 제정 러시아의 개혁처럼 민생을 안정시키진 못했다.

첫 번째 이유는 국가계획위원회가 민중의 삶을 전혀 고려하지 않았기 때문이다. 그들의 주된 목표는 산업화였으며 실제로 성과를 얻었다. 하지만 주택을 건설하는 데엔 관심이 없었고, 당연히 복지에 대해서도 생각하지 않았다. 산업화 이전엔 15개가량이었던 공장이

▌ 국가계획위원회인 고스플란은 모든 산업을 계획하고 통제했다.

산업화 이후 100여 개로 늘어났다. 하지만 민중을 위한 기반시설이나 생활필수품을 만드는 공장은 없었다. 의복을 구하기도 힘들었으며 심지어 빵을 사기 위해 1,000명에 가까운 사람이 줄을 서는 일까지 있었다.

두 번째 이유는 경제개발 계획에 필요한 자원이 그리 많지 않은 데다 그 자원을 군사, 국방에만 집중적으로 사용했기 때문이다. 이는 소련이 붕괴되는 순간까지 지속되었다. 국가계획위원회에서 공장을 덜 짓고 주거시설이나 보육시설을 건립하기로 결정했다 하더라도 실제 예산으로 측정되지 않았다. 필요한 예산을 공장 건설 예산에서 빼야 하는데, 그러면 공장을 짓는 속도가 느려지는 결과로 나타나기 때문에 주거시설이나 보육시설 건립을 취소하고 공장 건설에만 집중했다.

세르게이 셰비린
러시아 페름대학교 역사학과 교수

국민이 빵이나 의복이 필요하다고 하더라도 정부는 국민이 무엇이 필요한지에 상관없이 개의치 않고 결정해버렸습니다. 예를 들어 우주 분야를 발전시키고자 국가의 모든 역량을 우주 산업에만 집중했던 것입니다.

사실 이러한 정책은 상당부분 효과가 있어 소련의 생산력을 향상시켰다. 강철, 전력, 석탄, 석유 등의 생산이 늘었으며 농업 중심의 후진국이었던 나라를 근대화와 산업화의 반열에 올려놓았다. 하지만 한쪽에서는 우주로 우주선을 쏘아 올릴 정도로 앞서나갔던 반면 국민들은 여전히 말을 타고 다니는 불균등한 현실은 여전히 해결되지 않았다. 우주 항공, 군사 등의 분야에선 발전을 이루었지만 나머지 분야는 도태되었다.

공동생산, 불평등 분배

소련은 계획경제의 성과를 과시하기 위해 모스크바의 베데엔하에서 대규모 국제박람회를 열었다. 실제로 소련 경제는 1928년부터 1, 2차 국민경제발전 5개년 계획을 거치면서 눈부신 성장을 나타냈다. 전기와 석탄, 철 생산량이 두세 배 이상 급증했고 금속과 기계, 화학 분야도 크게 발전했다. 미국 노벨 경제학상 수상자 폴 새뮤얼슨은 1980년대가 되면 소련의 소득이 미국보다 높아질 거라 예상하기도 했다. 그러나 예측은 빗나갔다.

스탈린 시절에 전 농토의 90%가 국영 농장이나 집단 농장으로 국유화되었다. 토지는 물론 국민들의 사유물이었던 가축과 농기구까지 몰수됐지만 생산된 이익은 대부분 중공업 분야에 집중적으로 투자되었다. 한 예로 상트페테르부르크 한 농촌 마을의 집단 농장 '붉은 발틱'에선 1980년대까지 약 1,000명의 농민이 양배추와 감자를 재배해왔지만 분배는 평등하지 않았다. 공동생산과 공동분배가 집단 농장의 취지였음에도 수확한 작물이 모두 정부로 간 것이다. 분배는 나중 문제가 되어버렸다.

당초 경제 회복을 위한 자문기구였던 고스플란은 스탈린 집권 이후, 소련 계획경제의 첨병으로 떠오른다. 고스플란은 모든 산업을 국유화한 가운데 각 공장에서 생산할 양은 물론 필요한 자재와 장비, 생산 방법까지 사전에 결정해 지침을 내려보냈다. 모든 생산 단위는 오직 고스플란의 명령에 의해서만 기계처럼 굴러갔다.

이 같은 계획경제의 부작용은 곧 생산성 하락으로 이어졌다. 고스플란이 못 1톤을 계획해 내려보내자 한 공장에선 1톤짜리 못 하나를 생산하는 일까지 발생했다.

레프 구드코프
러시아 여론조사기관 레바다 센터 소장

사회 전반적으로 이런 현상이 생기면서 사람들은 일하지 않으려고 했습니다. 소련 시기에는 이런 말까지 있었죠. "월급을 주는 척만

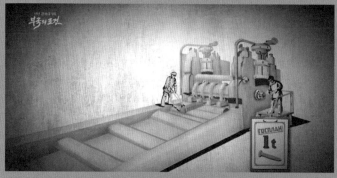

못 1톤을 생산하라고 지시하자 1톤짜리 못 하나를 생산할 정도로 생산성은 하락했다.

하니까 우리도 일하는 척만 한다"고 말입니다.

소련의 국가 계획경제는 개인의 자율에 맡기지 않으니 창의성 또한 발휘될 기회가 없었다. 심지어 모든 노동자의 근무 기록부를 만들어 노동자가 직장을 옮기면 그에 대한 정보를 다음 직장에서도 알 수 있게 했다. 모든 것을 국가가 결정했으며, 개인은 국가의 통제하에 있었다. 국민의 목소리는 당연히 듣지 않았다. 게다가 열심히 일하는 사람이나 그렇지 않은 사람이나 똑같은 임금을 받았다. 이는 곧 노동생산성의 하락으로 이어졌다.

페름 강제수용소
페름주

▌노동 수용소는 전국적으로 1,000개가 넘었고 1,200만 명 이상의 사람들이 강제수용되어 노동에 시달렸다.

인센티브가 없어 노동생산성이 하락하자 스탈린은 더욱 엄격한 방식으로 노동자를 탄압했다. 노동자 탄압의 대표적인 예가 시베리아 벌판에 위치한 수용소다. 시베리아 수용소는 다섯 겹의 철통 경비 시스템으로 24시간 수용자들을 감시했다. 두 번째와 세 번째 울타리 사이 공간에는 사냥개를 풀어놓았다. 세 번째 울타리는 함정이 있는 형태였다. 네 번째 울타리에도 두 가지 감시 장치가 설치되어 있어서 결코 탈출이 쉽지 않았다.

시베리아 수용소에는 소련의 붕괴가 있기까지 수만 명의 사람들이 수용되어 있었다. 전국에 1,000개가 넘는 노동 수용소가 있었는데 수용된 인원수만 무려 1,200만 명에 달했다. 사소한 경범죄나 규율 위반도 강제수용의 사유가 되었다. 만약 노동 현장에서 20분 정도 자리를 비우거나 지각을 하면 형사 처벌 대상이 되었다. 하지만 생산성은 오르지 않고 규율은 더욱 엄격해졌다.

수용소에는 최소한의 식량과 의복만이 배급됐고, 수용자들은 강제 노동에 시달렸다. 당시 소련 정부가 노동력을 확보하기 위해 무고한 시민들을 인민의 적으로 몰았다는 말도 나온다. 노동인력을 확보하기 위해 각 지역마다 반동의 적을 찾아내야 하는 할당량이 있었는데, 그 할당량을 채우기 위해 무고한 시민을 반동의 적으로 몰아간 것이다. 만약 아이 엄마가 바닥에 떨어진 빵을 줍는다면 수용소에 10년까지 수용될 수 있었다.

안젤리나 부슈예바는 가족들과 함께 7살부터 8년 동안 수용소에 감금되었는데, 그 이유가 반체제 누명을 썼던 아버지를 신고하지 않았다는 것이었다. 그녀는 매달 몇 명의 적을 찾아내야 하는 할당량까지 있었다고 말한다.

이처럼 착취가 계속되는 계획경제 체제에선 더 이상 경제발전을 기대하기 어려웠다. 미국을 뛰어넘겠다던 소련의 자신감은 니키타 흐루쇼프와 레오니트 브레즈네프를 거치며 오히려 악화되기에 이른다. 1985년 당서기장에 오른 미하일 고르바초프가 개혁개방 정책을 통해 반전을 노렸지만 이미 침몰하기 시작한 소련을 구제하기엔 역부족이었다.

레프 구드코프
러시아 여론조사기관 레바다 센터 소장

소련의 끝은 예정되어 있었다고 생각합니다. 붕괴는 피할 수 없는 것이었습니다. 겉으로는 강대국처럼 보였으나 실제로 국가 내부 시스템은 지속이 불가능할 정도로 효율적이지 않았습니다.

경제가 성장하기 위해서는 국민들과 사기업이 스스로 결정하고 문제를 해결하는 역량이 필요하다. 하지만 소련은 국가의 계획에 따

라 국가가 모든 것을 결정하는 시스템 안에서 개인의 창의성과 능률
보다는 희생만을 강요했으며 이는 곧 경제위기를 초래했다. 국가가
모든 것을 차지하는 시스템, 그것은 탐욕의 또 다른 이름이었으며 소
련의 몰락은 피할 수 없는 일이었다.

Chapter 5

정경유착으로 추락한 자원 부국 베네수엘라

민주주의를 무색하게 한 정치 카르텔

부국의 몰락은 민주주의 국가인 현재의 베네수엘라에서도 일어나고 있다. 베네수엘라는 스페인어로 '작은 베네치아'라는 뜻인데, 수상가옥에서 생활하는 원주민들을 보고는 이탈리아의 수상도시 베네치아를 연상시킨다고 해서 붙여진 이름이다. 베네수엘라는 1498년 콜럼버스의 탐험대에 발견되어 1499년 스페인의 식민지가 된 이후 약 300여 년간 식민 지배를 받았다. 1811년엔 스페인으로부터 독립을 선언하고 본격적인 독립전쟁을 시작한 후 콜롬비아, 에콰도르와 함께 대 콜롬비아 공화국을 이루기도 했다. 하지만 1830년대에 콜롬비아 공화국에서 분리를 선언하고 1845년에 콜롬비아로부터 승인을 받는다.

베네수엘라를 독립국가로 이끈 초대 대통령 호세 안토니오 파에스는 1831년 대통령에 선출된 후 베네수엘라를 국민 국가로 만들고자 사력을 다했다. 그는 헌법을 존중했으며, 언론의 자유를 허용했고, 농업과 산업의 발전을 촉진시켰을 뿐 아니라 공교육 제도를 실시해 모든 국민이 교육을 받을 수 있도록 했다. 하지만 그는 1846년 자신의 후계자에게 배신을 당하고 강제 추방된다. 1861년에 다시 돌아왔지만 가혹한 독재 정치를 펼쳤고, 결국 2년 뒤에 또다시 망명길에 올라야 했다. 파에스 이후의 베네수엘라는 1945년 좌파 성향의 민주행동당의 10월 혁명이 있기까지 군부독재의 역사로 진행된다.

베네수엘라의 현대화는 이때부터 시작되었다. 1945년 전까지만 해도 완전한 농촌 국가로 경제성장을 이루지 못했다. 2차 세계대전 당시 가장 중요한 석유 보유국이 되어 많은 석유를 생산했음에도 국가 경제에 그 어떤 영향도 끼치지 못한 것은 놀라운 일이다. 당시까지 석유는 단 한 번도 국가나 국민의 재산이었던 적이 없다. 석유 개발에 뛰어들었던 것은 극소수의 정부 관계자와 외국계 석유 회사였다. 석유 생산에서 얻은 이익은 모두 그들에게만 돌아갔다. 베네수엘라에서 석유는 '신의 축복'이 아니라 '악마의 배설물'로 표현될 정도다.

민주행동당은 정권 장악 후 1948년까지 베네수엘라 최초의 보통 민주선거로 대통령을 선출했으며, 토지 개혁을 시행하고, 소외 계층의 권리를 신장시켰다. 하지만 독재자 마르코스 페레스 히메네스 장군에 의해 민주주의는 또 한 번 파괴되고 만다. 그는 토지에 대한 석유채굴권을 외국 자본에 줌으로써 국내외 석유 자본의 주머니를 두둑하게 해주었고 정경유착과 부정부패, 민중의 빈곤화는 갈수록 더해졌다. 히메네스를 타도하고 제4공화국이 세워진 것은 그로부터 10년이 지난 1958년이었다.

1958년 오랜 군부 통치를 몰아낸 뒤 베네수엘라의 주요 정당들은 '푼토 피호 협약'을 맺었다. 푼토 피호 협약은 민주행동당, 민주공화연합, 기독교사회당이 서로의 요구사항을 수용하기 위해 맺은 것이다. 장기적인 정치 휴전을 선언하고 폭력 행사를 자제하며 선진적인 민주주의 모델을 도입하기로 했다. 세 정당은 권력을 배분하고 서로를 견제한다는 원칙 아래, 첫 번째 선거에서 민주행동당의 로물로 베탕쿠르가 대통령에 당선되도록 했고 베네수엘라엔 모처럼 정치적인 안정이 찾아오는 듯했다.

푼토 피호 협약은 독재자를 물리치고 정당끼리 연합해 민주화를 이루었다는 점에서 세계 역사상 유례가 없는 조약이다. 하지만 함정이 있었다. 애당초 미국 정부와의 이해관계에 의한 엘리트 간 협정이라는 한계를 가지고 있었다. 국가의 이익을 위해 움직이기보다 미국

▌ 세 정당은 권력을 배분하고 서로를 견제하기로 하고 푼토 피호 협약을 맺었다.

▌ 하지만 푼토 피호는 점차 정치 카르텔의 성격으로 변질되어갔다.

▌ 석유 개발의 막대한 이익까지 푼토 피호 정당과 가까운 세력에 편중되었다.

정부에 반응했다.

석유 개발에 따른 막대한 이익 역시 푼토 피호 정당과 가까운 기업이나 세력에 편중되기 시작했다. 그 결과 푼토 피호는 점차 정치 카르텔의 성격으로 변질되어갔다. 협약에 참여하지 않은 정당이나 정치 세력의 발언권은 차단되었다. 더군다나 1960년대 초에 민주공화연합이 대쿠바 정책에 이견을 보이며 푼토 피호에서 탈퇴하자 양당 체제로 재편성되어버렸고, 이는 곧 민주행동당과 기독교사회당의 담합을 더욱 강화시키는 계기가 되었다.

양당은 교대로 대통령을 배출하고 국가의 요직을 철저히 나눠 가졌다. 선거 결과와 관계없이 일정한 권력이 보장되자 정당 간의 정책 경쟁은 더 이상 이뤄지지 않았다. 한쪽 정당이 정권을 잡으면 반대당은 여당의 부패를 비판하지만 5년이 지나면 자리만 바꾼 후 같은 역할을 하는 것이다.

호르헤 발레로
베네수엘라 유엔국제기구 대사

푼토 피호 협약은 민주행동당과 기독교사회당 두 당만을 위한 협약이었습니다. 두 당이 5년마다 번갈아가며 집권하도록 서로 약속한 것이죠. 결국 푼토 피호 정당들은 국민의 기대에 부응하는 것이 아니라 오히려 걸림돌이 되었습니다.

이러한 상황에서 국민들의 정치 참여는 절대 허용되지 않았다. 결국 협약은 국민을 속이는 방법 중 하나였을 뿐이다. 민주주의를 하는 것 같지만 국민들은 정권의 관중에 불과했고, 대중매체는 두 정당의 경기를 중계하는 역할에 그칠 뿐이었다. 심지어 양당이 법관 지명권을 나눠 가지면서 사법부가 푼토 피호에 종속되어버렸고 비판 기능은 사실상 마비됐다.

최대 노동자 단체인 베네수엘라노동자총연맹 역시 푼토 피호 정당의 하위 기구로 편입되었다. 노조의 간부들은 모두 당원이 되어 노동자의 이익에 앞서 노조의 이익을 대변하는 데 유리한 기관으로 변질되었다. 정부의 이해관계에 따라 움직였으며 현장 노동자들의 목소리엔 귀 기울이지 않았다. 그야말로 푼토 피호는 정당 민주주의의 외피를 걸친 독재 권력과 다름없었다.

블랑카 에코우트
베네수엘라 국회 부의장

두 당은 우리를 대표한다고 말하지만 실상은 그렇지 않습니다. 국민들을 관중으로 세워놓고 독점 정권의 시스템에 따라 5년마다 정권을

'바통 터치'합니다. 여기에 노동자, 농민, 여성, 학생, 원주민은 정치 참여나 영향력을 행사할 기회가 전혀 주어지지 않습니다.

경제 권력의 독점으로 이어진 양당 정치

2014년 OPEC 연간 통계자료에 의하면 베네수엘라는 원유 매장량 2,999억 배럴을 가진 세계 1위의 석유 보유국이다. 석유 외에도 남미에서 가장 많은 천연가스 매장량을 보유하고 있는 에너지 강국이기도 하다. 하지만 국민의 60% 이상이 기본적인 교육이나 의료 서비스를 제공받지 못하는 극빈자다. 토지를 정부에게 빼앗긴 농민들이 도시로 이동하면서 도시빈민 인구가 늘어났으며, 농촌은 농민이 없는 땅이 되어버렸다. 수도인 카라카스는 소수 특권층을 제외한 대부분의 사람들이 극빈자로 살고 있다. 이들은 거주민으로 인정받지 못해 주민등록증 발급조차 하지 못하고 있다.

이러한 현실을 타파할 가능성을 가지고 있었던 것이 앞에서 언급한 푼토 피호 협약이었다. 실제로 푼토 피호 협약 이후 개발을 위한 투자, 문맹률의 감소, 문화적 발전, 기업인과 노동자의 참여 등에서 약간의 변화가 보였다. 하지만 그 시기는 짧았다. 양당체제로 편성된 후 정치적 카르텔은 경제 권력의 독점으로 이어졌다. 그 대표적인 예가 석유에 대한 독점이다.

베네수엘라는 총수출의 95%를 원유 판매에 의존할 정도로 석유 의존도가 높은 경제체계를 가지고 있다. 정권을 잡은 양당은 국영석유공사를 설립하여 석유 산업을 직접 관장했다. 또한 석유 자원 개발 및 생산활동에 참여하는 모든 외국 기업들은 국영석유공사와 합작회사를 설립하게 되어 있다. 이때 국영석유공사가 가지는 지분은 최소 51%로 엄청난 이득을 남길 수 있도록 법규로 정해놓았다.

하지만 석유 개발 이익의 균등한 분배는 전혀 이루어지지 않는다. 막대한 석유 수입은 각종 보조금 형태로 두 정당에 지원되거나 양당과 가까운 기업이나 세력에 편중된다. 특히 석유 사업을 통해 벌어들인 돈은 국내에 머물지 못하고 고위관료들에 의해 외국으로 유출된다. 베네수엘라가 산유국임에도 불구하고 늘 적자에 시달리며 국민들이 빈곤을 벗어나지 못하는 이유다.

빚더미에 오른 세계 최고의 자원 국가

베네수엘라에서 석유가 생산되기 시작한 것은 1918년 미국의 석유 기업이 석유를 채굴하는 데 성공하면서부터다. 이전까지만 해도 농산품만 생산 수출했지만 석유 수익으로 현대화가 진행되었다. 이는 사회 변화와 인구 통계학적 변화로까지 이어졌다. 경제발전은 농촌에 살던 사람들이 대거 도시로 이주하게 하는 동기가 되었다. 당시 대통령이었던 후안 비센테 고메스는 석유 산업으로 벌어들인 돈을 국가발전에 썼다. 그 결과 1960년대까지만 해도 베네수엘라의 1인당 GDP는 남미 최고 수준이었으며 스위스와 비슷한 경제 수준이었다.

석유 산업의 발전이 순기능만 있었던 것은 아니다. 석유 산업의 활성화로 인해 석유 생산으로 발생하는 이득이 너무 많아 다른 산업들을 비생산적이게 만들고 경쟁력을 저하시키는 문제가 생겼다. 수출

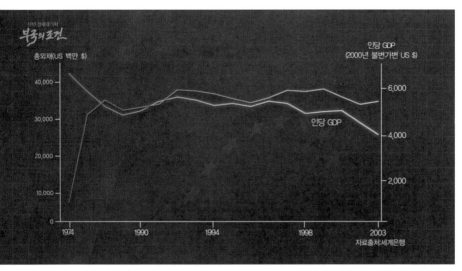

▌산업 경쟁력을 잃으면서 베네수엘라의 1인당 GDP는 떨어지기 시작했고 정권의 무분별한
재정 지출로 국가 부채도 증가했다.

의 95%를 석유에 의존하면서 농업을 비롯한 다른 산업에서 경쟁력을 잃게 되었고, 대부분 상품을 수입에 의존하는 결과로 나타났다. 또한 한 상품의 수출에만 의존했기 때문에 국제적으로 시장가격을 조정할 수 없는 힘징에 빠지면서 석유 가격에 의해 나라의 경제가 심하게 영향을 받게 되었다.

높은 부동산 가격과 석유를 제외한 다른 산업의 쇠퇴, 비싼 수입 물품 등은 극심한 빈부 격차를 낳았다. 경기가 좋았을 때조차 석유는 사회적 불평등을 자아내는 요소로 작용했다.

당시 베네수엘라 정부는 막대한 석유 이익을 장기적인 안목으로 분배할 체계를 가지고 있지 않았다. 전체 재정의 대부분을 석유 수입에 의존하고 나머지는 소비세나 소득세 같은 세금으로 채웠는데, 석유 산업이 호황일 때 경기가 좋지 않을 때를 대비했어야 하나 그러지 않았다. 번창할 때 방탕하게 지출하며 침체기에 그 피해를 고스란히 받았다. 정권의 무분별한 재정 지출 확대로 국가 부채가 급증하는 결과를 가져왔다.

가브리엘 비자미자르
베네수엘라 경제분석기관 에코아날리티카 연구원

비슷한 상황에서 다른 나라에서는 정부 부채와 적자를 줄이기 위해 세제개혁 등 개혁안이 나왔지만, 베네수엘라의 경우 정당끼리 너무 친하다 보니 경쟁적으로 새로운 개혁안을 내놓을 필요를 느끼지 못했습니다.

이러한 상황에서 석유 가격이 내려가자 급기야 남미 최고 수준이었던 베네수엘라의 1인당 GDP는 1970년대부터 급격히 떨어지기 시작했다. 위기는 1980년대 국제 유가 하락과 함께 찾아왔다. 세계 최고 수준의 원유 매장량을 갖고 있었지만 부채를 갚지 못하는 상황이 발생하였다.

국민들이 벌이는 생필품 전쟁

1983년 베네수엘라 정부는 볼리바르화의 평가절하를 단행했다. 이로 인해 화폐의 가치는 7분 1 수준으로 떨어져 버렸으며 국민들의 생활은 더 어려워졌다. 이런 상황에서 정치인들의 추악한 비리가 드러났다. 카를로스 안드레스 페레스 대통령의 170억 달러 비밀계좌가 드러났고, 정치인과 고위공무원들은 재산을 해외로 빼돌렸다.

1989년 2월 카라카스의 위성도시에서 시민들의 분노가 표출되었

카라카스 민중봉기
1989. 2. 27

❚ 정치인의 추악한 비리에 동요하던 민심은 카라카스에서 폭발하게 된다.

다. IMF 구제금융을 받기 위해 석윳값과 대중교통 요금이 인상되었기 때문이다. 심지어 하룻밤 만에 두 배로 오른 버스 요금은 시민들의 분노를 더 키웠다. 과레나스에서 시작된 시민들의 봉기는 이틀 만에 전국적으로 확산되는데 이 시기에 무려 3,000여 명의 시민이 사망했다고 추정된다. 결국 푼토 피호 체제에 대한 국민들의 불만은 극에 달하게 된다.

호르헤 발레로
베네수엘라 유엔국제기구 대사

카라카스 봉기는 국민들의 불만이 시위로 폭발한 것이었습니다. 이

것은 엘리트 정치와 푼토 피호 체제의 실패를 여실히 보여줬습니다.

시위로 촉발된 국민들의 분노는 푼토 피호 체제를 비판해온 우고 차베스를 권력의 중심으로 불러냈다. 1997년에 제5공화국 운동당을 창당한 차베스는 빈민층의 지지를 등에 업고 1998년 56%의 압도적인 지지를 받아 대통령에 당선되었다. 이후에도 두 번이나 더 대통령에 당선될 정도로 국민들의 호응을 얻은 인물이기도 하다. 그 호응에 답하듯 푼토 피호 체제에서 소외되어 있던 서민들을 위해 무상 교육, 무상 의료, 무상 주택 정책을 실시했다. 그로 인해 차베스가 집권하는 동안 베네수엘라의 빈곤율은 20% 가까이 낮아지는 성과를 냈다.

하지만 부의 빠른 재분배를 위해 석유 산업과 각종 기간산업을 국유화했고, 생필품 가격을 엄격히 통제하면서 민간 사업자들이 생필품 생산을 꺼리는 부작용도 따랐다. 이는 곧 베네수엘라 국민들이 소비하는 대부분의 제품이 수입품이 될 수밖에 없는 상황을 낳았다.

가브리엘 비자미자르
베네수엘라 경제분석기관 에코아날리티카 연구원

생산자들은 제품에 대한 가격책정권이 없습니다. 제품을 정부에서 정한 낮은 가격으로만 팔아야 하므로 결국 최소한의 양만 생산해 비용을 줄이려고 합니다. 이것이 현 체제에서 기업이 살아남는 방법입니다.

에너지 기업을 국영화하여 원유 수익을 정부가 독차지했기 때문에 실질적으로 부의 공정한 분배가 이루어졌다고 할 수 없었다. 카르텔 정당 정치의 폐해를 극복하려 했지만 차베스 역시 한 사람에게 권력을 집중시키는 오류를 범했다. 15년에 걸친 차베스의 개혁에도 불구하고 베네수엘라 경제는 여전히 저성장과 빈곤에 허덕이고 있다. 차베스가 사망한 뒤 베네수엘라에서는 연 200%대의 인플레이션과 만성적인 생필품난이 이어졌다.

차베스 장례식
2013. 3. 8

▌ 차베스가 집권하는 동안 베네수엘라의 빈곤율은 크게 떨어지지만 그 역시 한 사람에게 권력을 집중시키는 오류를 범했다.

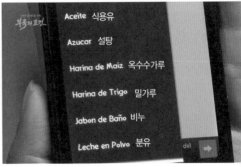

▍ 생필품을 사기 위해 상점 앞에 길게 늘어선 줄. 생필품 입고 상황을 확인할 수 있는 앱까지 등장했다.

석유 매장량 1위 국가답게 주유소에서 팔리는 기름값은 리터당 20원도 채 되지 않을 정도로 흔하지만, 현재 베네수엘라 국민들은 생필품을 구하기 위해 매일 전쟁을 치르고 있다. 한 국영상점에 4일 만에 설탕이 들어왔다는 소문이 퍼지자 수백 명이 몰려들어 갓 들어온 설탕을 진열대에 놓을 틈도 없이 상점 밖에서 판매가 이루어졌다. 이런 풍경은 베네수엘라 국민에게는 이미 일상이 되어버렸다.

밀가루, 우유, 빵, 식용유 등 집에서 많이 쓰는 식료품은 항상 부족하다. 시중보다 저렴한 국영상점은 각종 생필품들이 입고되기가 무섭게 동이 나 버린다. 일주일째 아이들 먹일 우유를 구하기 위해 여러 상점을 찾아다닌 주부도 있었다. 그래서 필요한 생필품이 어느 동네의 가게에 있는지 실시간으로 확인할 수 있는 스마트폰 앱도 등장했을 정도다.

제임스 A. 로빈슨
미국 하버드대학교 정치학과 교수

착취하는 사회에서는 부와 권력이 기득권층 한쪽으로 쏠립니다. 포용하는 사회가 되기 위해서는 더 많은 것을 개방해야 하고, 정치 경제적으로도 개방해야 합니다.

남미 최초로 민주주의를 실현하고 한때 국민 1인당 구매력이 미국과 스위스 수준이었던 부자 나라. 하지만 지금 베네수엘라는 극심한 빈곤에 시달리고 있다.

거대한 부를 지키지 못하고 스스로 몰락의 길을 걸었던 나라들, 그리고 부국으로 가는 길목에서 좌절된 나라들. 그 나라들은 소수의 탐욕을 통제하지 못할 때 어떤 대가를 치러야 하는지 말해주고 있다.

PART 3

국가의 운명과 국민 행복을
결정하는 제도의 힘

세계 2위 경제 대국이었던 일본은 1985년에 마이너스 경제성장률을 기록하기 시작해 그로부터 4년이 지난 1989년에 버블 붕괴의 직격탄을 맞게 된다. 이후로 지금까지 일본 경제는 침체의 늪에서 빠져나오지 못했다. 반면 독일, 스웨덴, 싱가포르, 네덜란드 같은 나라는 경제성장과 함께 복지까지 잡는 데 성공했다. 이들 나라는 '국가는 부유하지만 국민들은 가난한' 기형적 형태의 발전과는 거리가 멀다. 도대체 어떤 정책을 시행하고 있기에 양극화 현상을 최소한으로 줄이고 대다수 국민이 미래에 대한 불안감 없이 살 수 있도록 한 것일까?

3부에서 살펴볼 나라들은 경제성장을 꾀하는 한편 국가의 부가 특정 권력이나 거대 기업에 치중되지 않도록 제도적 장치를 걸어놓고 있다. 또한 포용적인 노동 정책, 신뢰할 수 있는 투명한 정치를 펼친다.

이들 나라의 정책은 저성장, 양극화, 높은 실업률과 비정규직 등의 문제로 시달리고 있는 한국이 앞으로 나아가야 할 방향이 무엇인지를 제시해준다. 한편, 한국보다 먼저 유사한 위기를 겪은 일본의 사례를 통해 우리에게 닥친 위기를 어떻게 극복해야 하는지 그 길을 찾아봐야 할 것이다.

Chapter 1

정부, 기업, 노조의
행복한 상생, 스웨덴

빈부 격차를 해소하는 연대임금 정책

스웨덴은 북유럽에 위치한 인구 950만의 나라다. 그럼에도 지난 50년간 부국으로 손꼽혀왔으며 세계 경제위기에도 흔들림 없이 높은 경제성장을 이어가고 있다. 이는 스웨덴이 풍부한 자원을 보유하고 있으며 북유럽에서 가장 먼저 공업화에 성공했기 때문에 가능한 일이었다.

그런데 풍부한 자원 그 자체가 공업화의 성공을 이끈 것은 아니다. 천연자원이 풍부하지만 경제성장을 이끌어내지 못한 남중미의 여러 나라와 달리 스웨덴에는 자원을 효율적으로 활용해 경제성장으로 이끄는 제도의 뒷받침이 있었다. 스웨덴은 천연자원을 에너지로 생산할 수 있는 원천기술을 개발하는 데 투자를 아끼지 않았으며, 노동환경 개선을 통해 스웨덴식 복지국가 모델을 구축하고 있다.

오늘날 스웨넨 경세를 득징짓는 것은 일명 '스웨덴 노동시징 모델'로 불리는 연대임금 정책이다. 연대임금 정책은 근로자가 고용되어 있는 산업 또는 기업의 임금 지불 능력이나 수익성과 무관하게 동일노동에 대하여 동일임금을 지불하는 것을 뜻한다. 이는 노동자 간의 임금 격차를 줄이고 공평성을 확보하는 것으로 이어진다. 그래서 개별 기업의 규모와 수익성, 임금 지급 능력에 따라 임금이 결정되지 않으며, 동종 업계의 노동자들은 대기업이든 중소기업이든 동일한

▌인구 950만의 스웨덴은 북유럽에서 가장 먼저 공업화에 성공한 나라다.

수준의 임금을 받을 수 있게 되었다.

한 예로 스톡홀름 외곽에 자리 잡은 특수차량 제작업체는 6명의 직원만 있는 영세기업이지만, 그들 모두 같은 업종의 대기업 직원들과 거의 동일한 임금을 받는다. 이는 법으로 강제된 사항은 아니다. 하지만 금속노조와 경영자 단체가 합의한 내용을 해당 기업 노사가 따르고 있는 것이다. 덕분에 이 회사에선 지금껏 임금 문제와 관련해 직원과의 갈등이 단 한 번도 없었다.

에릭 헬머슨
스웨덴 특수차량 제작업체 이조마스킨 사장

직원들이 한 달에 450만 원 정도를 받습니다. 대기업과 약간의 차이가 있을 수 있지만 금속 관련 업체 노동자들은 거의 동일한 수준의 임금을 받습니다. 금속노조와 경영자 단체가 논의를 통해 해마다 2~3%라는 임금 인상 수치를 결정하면 우리는 그것을 가이드라인으로 보고 따릅니다. 만약 우리 회사의 차량이 더 팔려 많은 수익을 올릴 경우 보상 차원에서 별도의 인센티브를 직원들에게 제공합니다.

노조와 경영자 단체의 협의에 의해 대기업이든 영세기업이든 동일노동에 동일임금을 지불하는 것은 합리적인 임금제도임이 분명하

┃ 스웨덴은 노조와 경영자 단체가 합의한 내용에 따라 영세기업도 같은 업종의 대기업과 비슷
한 수준의 임금을 제공한다.

다. 하지만 의문은 남는다. 기업 규모에 따라 매출에서도 차이가 날
수밖에 없는데 매출이 크지 않은 기업이 어떻게 매출이 큰 기업의
임금 조건에 맞출 수 있을까? 이를 해결하기 위해 수익성이 높은 기
업은 지나친 임금 인상을 억제한다. 그렇게 해서 남은 이윤은 기술
연구나 개발에 투자한다.

반면 수익성이 낮은 기업이어도 단체협약에서 결정한 임금에 맞추어 지불해야 한다. 만약 단체협약의 결정에 따른 임금을 지불하지 못할 경우엔 그 기업은 경영합리화를 하든지 폐업을 하게 되어 있다. 대신 정부는 폐업된 기업에서 일하던 노동자들에게 재훈련 프로그램 등을 통해 더 좋은 일자리를 찾을 수 있도록 주선해준다. 새로운 일자리로 이동하기가 용이한 것은 연대임금제도와 노동 정책이 잘 연계되어 있기 때문이다.

저임금 산업 분야일 경우엔 임금 인상으로 정리해고 등이 발생할 수 있다. 반면 고임금 산업은 임금 인상 억제로 인해 이윤 축적이 가능하다. 이윤 축적으로 고성장이 가능한 산업은 더 많은 인력을 요구하게 된다. 이때 정부는 해고 노동자나 실직 노동자를 이러한 기업에 연계시켜준다. 또한 새로운 일자리를 찾기 전까지 평균 임금의 70~80%를 지원해주는 프로그램을 마련하여 실업으로 인해 생계가 위험해지는 것을 방지한다.

연대임금 정책은 최고임금과 최저임금의 격차를 줄임으로써 빈부 격차의 문제를 해소하는 데 기여했고, 가계 소득 증대를 꾀하는 결과를 가져왔다. 연대임금 정책은 '동일노동 동일임금'이 원칙이지만 기본적으로 저임금 노동자의 임금 수준을 개선하고 남녀 임금 격차를 개선하는 데 주안점을 두고 있다. 그래서 연대임금 정책 초기엔 여성 노동자의 임금에 대한 논의도 활발하게 이루어졌다.

연대임금 정책이 거론되기 시작한 것은 2차 세계대전 이전부터다. 당시 전 세계는 경기침체로 경제적 위기를 맞고 있었다. 이는 수출 의존 국가인 스웨덴 경제에 큰 타격으로 돌아왔다. 특히 수출 기업들이 매출 하락으로 임금 인상에 어려움을 겪게 되면서 내수 기업의 노동자들과 임금 격차를 가지게 되었다. 게다가 수출 기업보다 상대적으로 높은 임금을 주게 된 내수 기업들은 더 많은 이윤을 남기고자 상품의 가격을 올려버렸다. 때문에 임금이 적은 노동자들의 실제적인 경제 체감 온도는 훨씬 더 힘들어졌다.

스웨덴 노동조합은 이러한 현실을 타개하고자 정부와 재계에 '동일노동 동일임금'을 요구했다. 스웨덴에는 1898년에 이미 직종별 노조의 형태로 노동조합연맹이 형성되어 있었기에 경제 환경이 변할 때마다 노동자의 목소리를 낼 수 있었다.

동일한 임금을 시행하기 위해서는 합리적인 직무평가제도도 도입해야 했다. '동일노동 동일임금'을 객관적으로 평가하기 위해서다. 스웨덴 정부와 재계는 노동조합의 요구를 받아들여 연대임금 정책에 대한 논의를 활발하게 전개했다. 그리고 2차 세계대전 이후 경기 호황을 맞이했으며, 노동자는 생산성을 상회하는 임금을 받아낼 수 있었다.

연대임금 정책은 생산성이 낮은 기업이 시장에서 퇴출당하는 일이 많아지는 단점이 있다. 초과 이윤을 낸 기업은 더 많은 임금을 지불할 역량이 됨에도 그렇게 하지 않음으로써 기업과 근로자 간의 공정한 분배에 문제가 야기된다. 하지만 스웨덴은 연대임금 정책으로 사회 전체의 빈부 격차를 줄여 양극화를 해소시켰으며, 평균 임금 상승을 통해 소비 향상을 꾀할 수 있었다.

노사가 상생하게 만드는 고용제도

1930년대만 해도 스웨덴은 유럽에서 가장 격렬한 노사분규를 겪는 나라 중 하나였다. 스웨덴 노동자들은 자신들의 의견이 관철되지 않을 경우 파업과 시위를 계속했다. 빈번한 파업과 시위는 경제에도 악영향을 미쳤다. 의회에서 정치적 해결 방안을 모색했지만 경제 주체인 재계와 노동자의 합의가 가장 중

살트 세바덴 협약 (1938년)

▌1930년대까지만 해도 가장 격렬한 노사분규를 겪는 나라였던 스웨덴은 살트세바덴 협약을 체결하며 새로운 문화를 탄생시켰다.

요했다. 노조는 재계의 입장을 받아들이고, 재계는 노조의 입장을 이해하고 그 권리를 인정하는 기업 문화가 필요했다.

경영자 대표와 노동자 대표는 한 테이블에 앉아 1년 반에 걸쳐 토론과 대화를 이어나갔다. 오랜 토론 끝에 노사는 1938년 '살트셰바덴 협약'을 체결하게 된다. 이 협약은 정부로부터 승인이 필요했다. 임금협상 등 노동 조건에 대해 합의를 보는 당사자는 재계와 노조였지만, 정부 또한 노동시장에 책임을 지고 있기 때문이다. 협약에서 정부가 맡은 역할은 전반적인 법적 절차를 마련하는 것이었다.

클라스 욘손
스웨덴 노총 변호사

1년 반 동안 휴가도 반납하면서 토론과 대화를 이어갔습니다. 이 과정을 통해 고용주와 노조 간에 서로 협력하는 새로운 문화를 탄생시킨 것이죠.

살트셰바덴 협약은 노사정의 기본적 요구와 역할을 인정하는 것에서 시작된다. 재계와 노조의 합의는 자율적으로 이루어지며 정부는 중재자로서 최소한의 개입만 한다. 이는 스웨덴 경제 정책의 근간을 이루는 것이다. 오늘날에도 스웨덴은 어떤 정부가 정권을 잡든 재계와 노조가 결정한 사항에 관여하지 않는다.

이때 협의한 내용은 지금까지 법으로 규정되어 있다. 시위나 합법적인 노조활동의 범위, 중재 역할, 사회적으로 위험한 노조활동의 판단 여부 등이 그것이다. 이로 인해 노동자들은 좀 더 나은 임금과 근로시간 및 근로 환경 개선을 보장받았고, 고용주는 노동자들이 파업하지 않고 일터를 지킬 것이라는 신뢰감을 가지게 되었다.

쿠트 에릭손
스웨덴 정부조정위원회 책임변호사

살트셰바덴 협약으로 노조와 재계가 매년 임금과 노동 조건에 대해 단체협약을 통해 합의를 볼 것을 결정했습니다. 정부에서는 전반적인 법적 절차를 마련하는 것으로 역할 분담이 이루어졌죠.

노사화합은 세 가지 정책에 의해 진행되었다. 첫 번째는 임금 정책으로, 앞에서 언급했듯이 동종업체에서 일하는 경우 같은 기업이 아니더라도 동일한 임금을 받도록 한 것이다. 이는 100% 같은 것을 의미하지는 않는다. 업무능력, 학력 등의 조건에 따라 다를 수는 있으나 최저임금을 받는 사람과 높은 임금을 받는 사람의 격차를 줄일 수 있다.

'동일노동 동일임금' 원칙은 부실기업을 시장에서 자연스럽게 퇴출시키는 데도 한몫했다. 노동자에게 적정한 수준의 임금을 지불하지 못하는 기업은 기업 활동을 지속하기 힘든 사회적 분위기 때문이다. 국가는 부실기업의 퇴출로 인해 발생한 실업자에게 실업보험을 지급하고 재교육을 통해 재취업을 유도하는 것으로 고용 안정화를 꾀했다.

두 번째는 세금 정책이다. 수익이 적으면 세금을 적게 내고, 수익이 많으면 세금을 많이 내도록 하는 것이다. 이는 스웨덴만의 경제 정책 모델은 아니다. 독일, 핀란드 등 복지국가로 거듭난 유럽의 많은 국가가 이러한 정책을 활용하고 있다.

세 번째는 공공사회복지 정책이다. 이 정책은 노동시장의 격차를 줄이는 데도 도움이 된다. 만약 임금이 적더라도 의료보험 등 복지 정책으로 노동자의 삶이 윤택해질 수 있기 때문이다.

이외에도 고용자가 노동자를 함부로 해고하는 것을 규제하고 있다. 스웨덴에서는 해고하는 절차가 매우 까다롭고 어려우며 돈이 많이 든다. 고용인을 해고하기 위해서는 그가 업무를 게을리하고 있다는 것을 기업에서 밝혀야 한다. 만약 기업의 사정이 어려워져 더는 일자리를 창출할 수 없는 경우엔 누구를 먼저 해고해야 하는지도 정해져 있다. 가장 늦게 채용된 사람이 가장 먼저 해고 리스트에 오르게 된다. 만약 오랫동안 한 직장에 근무했다면 해고당할 가능성은 매우 낮다. 그래서 이직률이 그리 높지 않은 편이다.

1951년 노사정은 동일노동 동일 임금 원칙에 합의했다.

이로 인해 부실기업은 자연스럽 게 퇴출되었다.

이때 발생한 실업자에게 국가는 실업보험을 지급하고 재교육을 통해 재취업을 유도했다.

이는 세수 확보로 이어져 경제를 성장시켰다.

이처럼 스웨덴은 국민들 간의 임금 격차가 매우 낮고, 복지 정책도 잘 운영되고 있다. 고용시장의 안정과 '동일노동 동일임금' 원칙으로 인해 스웨덴의 노사 간 분쟁은 줄어들었으며, 이는 곧 기업의 경쟁력을 높이고 세수 확보에 긍정적인 영향을 미쳤다. 그럼에도 스웨덴 국민들은 여전히 더욱더 동일하게, 더욱더 많은 복지 혜택을 받기 위해 노력해야 한다고 생각한다.

쿠트 에릭손
스웨덴 정부조정위원회 책임변호사

노사대립이 심했던 1930년대와 비교해 분쟁 사례가 훨씬 줄어들면서 스웨덴 기업의 경쟁력이 높아지고 경제는 지속적으로 성장하게 되었습니다. 1980년대 이후에도 노사 간의 다양한 토론문화가 정착된 결과죠.

횡포를 부리지 않는 대기업

스웨덴에서 신뢰와 협력의 문화는 대기업과 중소기업의 관계에서도 확인할 수 있다. 스웨덴에서 협력업체는 대기업에 종속되어 있지 않다. 서로 협력해 제품의 질을 높이고 합리적인 납품단가를 유지한다. 대부분 중소기업은 연대임금 정책으로 높은 임금을 지불할 수 있을 정도의 수준을 유지하고 있으며, 경쟁력에서도 결코 뒤처지지 않는다. 이를 바탕으로 대기업과의 관계에서도 협력적인 동반자의 위치를 점하고 있다. 대기업과 중소 협력업체의 연대는 오랜 거래를 통한 신뢰 관계에서 형성되었는데, 그래야 동반 성장할 수 있음을 경험을 통해 알기 때문이다.

파트릭 카우프만
스웨덴 플라스틱 생산기업 노르딕 플라스틱 사장

소규모 업체가 어떻게 발전하고 성장할 수 있을지 대기업이 정보를 제공해줍니다. 우리 업체에 1년에 여러 번 대기업 직원들이 방문해서 제품의 질을 높이는 방법을 교육하고 제품 생산에 필요한 여러 사항을 알려줘요. 때로는 우리 회사 연구진과 대기업의 연구진이 서로 지식을 교환하고 협력하여 연구하기도 하죠. 우리가 할 수 있는 일을 대기업에서 못 하는 경우도 있으니까요.

대표적인 예로 볼보 그룹과 협력업체들의 관계를 들 수 있다. 만약 협력업체가 자신들의 요구를 충족하지 못한다 해도 볼보는 단칼에

스웨덴에서 대기업과 협력업체의 관계는 일방적이지 않으며 납품단가 후려치기 같은 대기업의 횡포는 불가능하다.

거래를 중단하지 않는다. 일정 시간을 주고 협력업체와 공동으로 문제를 해결하려고 노력하며, 필요에 따라 자금을 지원하거나 인력을 파견하는 방식을 취한다. 품질을 높일 수 있는 정보를 제공하고 측정 기계나 제품 원자재를 추천하는 방법을 쓰기도 한다. 경우에 따라서는 대기업과 협력업체의 연구진이 함께 연구하며 기술 개발을 위해 투자한다.

그런데도 문제가 해결되지 않으면 거래를 중단하지만 이 같은 극단적인 상황은 드문 편이다. 이는 스웨덴의 많은 대기업에서 보이는 특징이다.

대기업은 일방적으로 제품의 가격을 결정하지 못한다. 납품단가 후려치기와 같은 대기업의 횡포는 발견할 수 없다. 대기업과 협력업체는 계약 체결 시 규칙을 정확히 명시하게 되어 있다. 대기업이 중소기업의 부품을 구매할 경우 관련된 법 규정에 따라 가격 협의를

한다. 그럼에도 만약 대기업이 일방적으로 가격을 올리면 중소기업
은 신고를 하고 법적인 절차가 개입된다.

파트릭 카우프만
스웨덴 플라스틱 생산기업 노르딕 플라스틱 사장

중소기업에 횡포를 부리는 대기업은 살아남지 못합니다. 협력회사
의 발전이 없으면 대기업의 발전도 없는 것이죠.

대기업과 중소 하청업체가 협력 관계를 유지하며 상생하기까지
스웨덴의 노사는 오랫동안 많은 노력을 기울여왔다. 그 결과 중소기
업은 경쟁력을 갖게 되었으며, 대기업은 중소기업을 파트너로 인정
하고 대등한 관계에서 거래하는 협력 구조를 구축할 수 있었다.

이를 가능하게 한 것은 스웨덴 정부의 중소기업 정책이다. 스웨덴
정부는 혁신시스템청, 경제지역성장청, 지식재단 등 행정부처와 산
하기관을 중심으로 중소기업이 기업을 경영하기 좋은 환경을 구축
해왔다. 경영 보조금과 대출 정보를 제공하고 스웨덴 과학과 산업을
연계시키는 국가혁신 시스템 연결망을 만들기도 한다. 중소기업의
수요에 맞는 연구개발 자원을 제공함으로써 혁신과 성장을 장려하
며, 신제품 개발 시 상업화로 이어지는 데 도움을 준다. 이 같은 일들

을 실행하기 위한 각종 프로그램이 구축되어 중소기업의 성장과 경쟁력을 꾀하고 있다.

스웨덴식 경제 모델은 사회민주주의 모델을 바탕으로 한다. 노동자와 자본가는 그들을 대표하는 중앙조직을 통해 상충하는 의견을 조정하고 해결점을 찾는다. 이때 노동자는 현재 소득을 양보하고 기업은 투자를 통한 수익성을 보장한다. 서로 양보를 끌어내며 미래 소득까지 고려하는 것이다.

정부는 노사의 타협안을 충분히 국정에 반영한다. 경제와 노동시장 정책뿐 아니라 복지 정책에서도 노동자들의 이해관계가 수용된다. 때문에 스웨덴은 복지와 성장이 상충한다는 일반적인 견해와 달리 복지와 성장이라는 두 마리 토끼를 모두 손에 넣을 수 있었다. 노사가 상생하는 합리적인 고용제도의 정착, 대기업과 중소기업의 연대, 노사정의 원활한 소통이 이를 가능하게 했으며 스웨덴을 부국으로 성장시켰다.

특권 의식 없이 국민과 소통하는 정치인

스웨덴은 한국보다 네 배 넓은 영토를 가지고 있지만 인구수는 한국의 5분의 1에 불과하다. 지역적으로 북극권이라 1년의 반은 춥고 어두운 겨울이고 땅은 척박해 농사짓기 힘든 환경이다. 그야말로 사람이 살기에 썩 좋은 환경은 아니다. 하지만 스웨덴은 '북구의 낙원'이라 불릴 정도로 높은 수준의 복지와 사회보장제도를 시행하고 있으며, 1인당 GDP는 2015년 기준으로 4만 9,582달러로 세계 10위권의 높은 수준이다.

스웨덴의 이 같은 성공 뒤에는 특권 의식을 누리기보다 국민과 소통하는 정치를 실현하는 정치권의 노력이 있었다. 대표적인 인물이 스웨덴에서 '국민의 아버지'라 불리는 타게 엘란데르 총리다.

1946년 타게 엘란데르는 45세의 나이에 총리에 오른 뒤 무려 23년 동안 나라를 다스렸다. 재임기간 동안 열한 번 치른 선거에서 매번 승리했기에 가능한 일이었다. 그는 총리로 당선되었을 당시 "물론 우리는 성장할 것이다. 그러나 다 함께 성장할 것이다"라며 자신의 뜻을 밝혔다.

타게 엘란데르는 지속적인 경제성장을 이루려면 재계의 협조 없이는 불가능하다고 판단했다. 때문에 그는 매주 목요일 만찬 때마다 재계의 주요 인물을 불러 대화의 시간을 가지기 시작했다. 더불어 노조 대표를 그 자리에 초청해 노사 상생의 시간을 꾀했다. 일명 '목요 클럽'으로 알려진 이 목요일 모임은 그가 재임했던 23년 동안 멈추지 않고 이어졌다.

대화와 토론을 통해 합의를 이끌어낸 것은 이 모임에만 한정된 것

타게 엘란데르 총리는 23년 동안 목요 클럽을 열고 대화와 토론을 계속하여 재계의 합의를 이끌어 냈다.

이 아니었다. 그는 무상 의료와 무상 교육, 주택 수당법 등의 복지 정책을 구현하기 위해 국민 모두를 상대로 수십 년간 설득의 과정을 거쳤다. 개혁은 몇몇 정치인의 힘으로 이루어낼 수 있는 것이 아니라, 모든 국민이 수긍하고 자발적으로 세금을 낼 때 지속적인 힘을 가질 수 있다고 믿었다. 그 결과 스웨덴 복지 정책의 기틀을 완성할 수 있었다.

'소통의 정치인' 타게 엘란데르는 퇴임에서도 많은 일화를 남겼다. 그는 국민들의 만류에도 불구하고 체질 개선이 필요하다며 자진해서 사퇴했다. 퇴임 후에는 머물 집이 없어 국민들이 집을 지어줄 정도로 청렴한 정치인의 면모를 보이기도 했다.

타게 엘란데르 총리는 정치인의 올바른 리더십이 그 사회를 어떻게 변화시키는지를 잘 보여준다. 소수 특권층을 위한 제도가 아니라 다수의 국민들을 위한 제도를 만들고 유지하는 정치는 그 사회 전체의 수준을 높이는 동력이 된다. 이는 비단 타게 엘란데르 총리라는 인물 한 명의 노력만으로 되는 일도 아니다. 실제로 스웨덴의 국회의원들은 세계적으로도 특혜를 받지 않으며 업무 강도가 높은 것으로 유명하다. 세계에서 가장 열심히 공부하는 정치인으로 알려져 있기도 하다.

스웨덴 국회는 349명의 의원으로 구성되어 있다. 그들은 거의 매일 오전 9시에 출근해 밤 9시까지 정책을 연구하고 법안 관련 일을 쉴 틈 없이 해낸다. 한국과 달리 개인 정책보좌관조차 없으며 필요하면 원내 정당의 공동 정책비서관에게 자료 수집 정도만 부탁하는 수준이다.

그렇다고 일반 직장인에 비해 높은 급여를 받는 것도 아니다. 운전사가 딸린 자동차는커녕 자동차 자체가 지원되지도 않는다. 버스와 지하철 같은 대중 교통수단을 이용할 때만 비용 처리가 가능하다. 심지어 일반인에 비해 자유롭지도 않다. 특권은 최소화하되 권한에 대한 감시기능을 강화했기 때문이다. 국회의원이 부정을 저질렀을 경우엔 일반 국민보다 더 강도 높은 처벌을 받게 되어 있다.

스웨덴에서 국회의원이 된다는 것은 자신의 시간과 노력을 아끼지 않는 봉사직의 의미를 더 강하게 지닌다. 한 국회 부의장은 "우리가 이처럼 만족스럽지 못한 조건을 알면서도 계속 일하는 것은 국민에게 봉사한다는 마음이 있기 때문입니다. 국민에게 위임받은 권한으로 우리가 꿈꾸는 사회를 만들어나가기 위해 일하는 겁니다. 국민 위에서 군림하려면 아프리카나 아시아로 가야겠지요"라고 말했다.

스웨덴의 총선 투표율은 약 90%에 이른다. 자신들이 뽑는 정치인이 사회를 어떻게 변화시킬지를 알고 있기 때문이다. 대부분 국민이 정치에 관심을 가지고 국회의원과 관리들을 감시의 눈으로 보고 있기 때문에 권력 남용은 있을 수도 없다. 약자를 배려하고 서로 신뢰하며 상생하려는 노력, 국민 모두의 행복을 추구하는 포용적인 제도와 사회적 합의가 오늘날 스웨덴을 세계적인 부국, 최고의 복지국가 반열에 올려놓았다.

카타리나 벤스트룀
스웨덴 국회의원

스웨덴 국민들은 아주 부자 계층과 아주 가난한 계층으로 양분된 국가를 부국으로 보지 않습니다. 스웨덴은 대다수 국민 모두가 행복한 국가입니다. 이렇게 격차가 크지 않은 나라가 진정한 부국이라고 생각합니다.

Chapter 2

부정부패에
엄격한 정치, 싱가포르

특권층이 부를 독식하지 않는다

싱가포르는 한때 한국과 더불어 개발도상국으로 주목받던 작은 도시국가에 불과했다. 하지만 2015년을 기준으로 1인당 GDP가 5만 3,604달러로 세계 7위를 기록할 정도로 부국으로 성장했다. 서울시 크기의 면적을 가진 싱가포르는 관광 대국이자 아시아 최대의 금융허브이기도 하다.

싱가포르는 국민의 80%가 중산층일 정도로 중산층이 두터운 나라다. 국민의 15%가 엄청난 부를 가지고 있고 나머지 5% 정도만 가난할 뿐이다. 이는 정치적 안정과 부의 공정한 분배가 있기에 가능한 일이었다.

　싱가포르 정부는 공공주거 프로그램을 운영하기 때문에 싱가포르인의 80% 이상이 공공주택에서 살고 있다. 싱가포르에선 직업이 있든 없든, 급여가 많든 적든 공공주택에 거주할 수 있다. 이는 여느 자본주의 사회보다 정부의 역할이 크게 작용한 결과다. 그래서 싱가포르의 정책이 사회주의적 성향을 가지고 있다고 보는 시각도 있다. 하지만 싱가포르 정부의 개입은 자유시장의 약점을 바로잡고 국민들이 보편적으로 높은 생활 수준을 유지하는 데 초점이 맞추어져 있다. 싱가포르 정부의 최우선 과제는 모든 국민이 고르게 잘 살 수 있는 환경을 조성하는 것이다. 이를 위해 세 가지 요소에 중점을 둔다.

▌ 서울시 크기의 싱가포르는 관광 대국이자 아시아 최대의 금융허브다

첫째는 정부가 시민 다수의 부를 위해 헌신하는 것이다. 정부가 훌륭한 공공서비스를 제공하고 국민들의 생활 수준을 높여주는 대신 국민들은 책임감 있게 민주주의를 이어나가도록 한다. 정부와 국민들 사이의 신뢰를 통해 마련된 정치적 안정은 경제성장을 꾀할 수 있게 해준다.

둘째는 반드시 계획이 있어야 하고 위험과 책임을 감수하는 리더십을 발휘하는 것이다. 싱가포르 정부는 정부 차원에서 계획된 경제와 실용주의로 외국 투자자들을 유치하는 데도 개방적인 정책을 사용하고 있다.

셋째는 사회적으로나 정치적으로 안정된 환경을 조성하는 것이다. 싱가포르는 다인종 국가로 정치적 안정을 취하지 못할 경우엔 인종 갈등이 일어날 위험부담을 안고 있다. 이 때문에 안정적인 상황일 때조차 잠재적 위기가 일어날 수 있음을 염두에 둔다. 실제로 위기가 닥쳐도 효과적으로 대응할 수 있도록 하기 위해서다. 정치적 안정 없이는 경제성장에 힘을 쏟을 여력을 가지지 못한다.

이처럼 싱가포르 정부가 국민이 고르게 잘 살 수 있는 환경을 조성하는 것의 대표적인 예로 소상공인을 지원하는 '스프링 싱가포르'라는 특수기관을 들 수 있다. 스프링 싱가포르는 소상공인을 지원하여 그들의 경쟁력을 발전시켜주는 곳이다. 상업 훈련, 기술발달 훈련, 평생교육 등을 강화함으로써 소상공인이 훌륭히 기반을 잡을 수 있도록 지원한다.

또한 소상공인들이 충분한 재정을 확충할 수 있도록 도와준다. 쉽게 회사를 세우고 비즈니스를 해나갈 수 있는 환경을 만들어 소상공인들이 늘어나도록 유도하는 정책을 펼친 결과 세계은행은 싱가포르를 비즈니스를 하기 가장 용이한 국가로 선정했다. 현재 싱가포르에 있는 총 회사 수의 96%가 소상공인이며 그들이 총 노동 인구의 70%를 고용하고 있다. 이들이 싱가포르 특유의 두텁고 든든한 중산층 형성에 큰 역할을 한다.

부패 방지는 선택이 아닌 국가 생존의 문제

싱가포르는 1965년 말레이시아 연방에서 독립했다. 당시만 하더라도 1차 산업을 기반으로 한 나라 살림은 가난하기 그지없었으며, 정치권에 부패가 만연해 희망이 보이지 않았다. 건국 초기였던 1960년대만 해도 교육수준이 그리 높지 않았으며 부패와 관련된 법규도 제대로 마련되지 못한 상태였다. 아무것도 없는 상황에서 정부기관을 만들 때, 동남아시아의 다른 이웃 국가들도 아주 심각한 부패 문제를 겪고 있었다. 하지만 국가 지도자 리콴유의 등장으로 싱가포르는 달라지기 시작했다. 독재라는 비판도 있었지만 리콴유는 강력하고 혁신적인 정책으로 부패를 척결해나 갔다.

부패는 커질수록 생활의 한 방식으로 자리 잡으며 집단적으로 그 힘을 키우게 된다. 집단적 활동이 되어버리면 부패 그 자체뿐 아니라 강력한 집단과 맞서야 하는 어려움이 따른다. 미국에서 총기 사고가 아무리 만연해도 무기업자들의 로비로 일반인의 총기 소유를 제한할 수 없는 것처럼 부패 집단의 이익에 따라 움직일 수밖에 없다. 리콴유 수상은 "부패 방지는 선택이 아니라 국가 생존의 문제다. 반부패 정책을 따르지 않는 사람은 모든 수단을 동원해 굴복시켜야 한다"는 명제 아래 작은 부패조차 용납하지 않았다.

딘
싱가포르국립대학교 공공정책대학원장

리콴유는 사람들이 정직하고 깨끗해지길 원했습니다. 싱가포르는 천연자원이 없는 나라기 때문에 다른 나라와 경쟁하는 유일한 방법은 세계 최고의 청렴한 정부를 세우는 것뿐이었죠.

리콴유는 부패방지법을 제정하고 동시에 부패행위조사국을 만들어 부패와의 전쟁을 벌여나갔다. 부패행위조사국은 혐의가 있으면

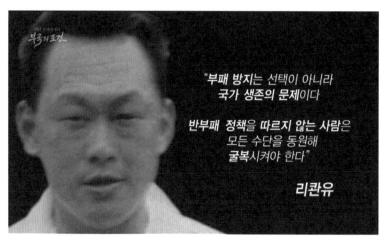

"부패 방지는 선택이 아니라
국가 생존의 문제이다

반부패 정책을 따르지 않는 사람은
모든 수단을 동원해
굴복시켜야 한다"

리콴유

▌정치권에 부패가 만연해 희망이 보이지 않던 싱가포르는 부패와의 전쟁을 벌인 리콴유의 등
장으로 달라지기 시작했다.

영장 없이 체포할 수 있고 모든 재산과 서류를 압수, 수색할 수 있는
막강한 권한을 부여받았다.

부패행위조사국의 주요 감시 대상은 고위공직자와 재벌 등 소위
가진 자들이다. 아무리 적은 액수라도 뇌물을 받은 사람은 징역형에
처해졌다. 재벌이라고 경제발전에 힘쓴 공로를 내세워 선처해주지
않았다. 부패한 공직자는 징역형과 별도로 전 재산을 몰수했다. 권력
의 핵심부라도 예외는 없었다.

이에 대한 정부의 의지를 강하게 보인 상징적 사건이 있었다. 리
콴유의 오른팔이었던 태 치앙완 장관이 1986년에 40만 싱가포르 달
러(당시 원화 금액 2,400만 원)의 뇌물을 수수한 혐의를 받은 것이다.

태 치앙완은 억울하다고 호소했지만 리콴유는 면담 자체를 거부했다. 그는 결국 스스로 목숨을 끊었고 이 사건은 리콴유 정부에 대한 신뢰감을 높였다.

단 키캅
싱가포르국립대학교 공공정책학과 교수

얼마나 높은 자리에 있는 장관이든 거물이든 간에 받은 뇌물이 얼마인가에 상관없이 처벌은 무겁고 크다는 생각을 심어주었습니다. 이 사건으로 사람들이 리콴유 정부에 큰 신뢰감을 보내게 되었는데, 리콴유가 솔선수범하는 사람임을 보여줬기 때문이죠.

싱가포르 공직자들의 급여는 상당히 높은 수준이다. 공직자들의 연봉이 민간 분야보다 경쟁력이 없으면 좋은 인재를 확보하기 힘들기 때문이다. 또한 공직자들이 하는 일에 비해 낮은 월급을 받으면 뇌물이나 선물을 받는 유혹에 쉽게 넘어갈 수 있으므로 이를 방지하기 위해서다. 대신 뇌물 수수에 대한 처벌은 강력하다. 뇌물을 받을 의도를 드러내기만 해도 범죄가 성립된 것으로 판단할 정도다.

비즈니스를 하려는 회사와 밥을 먹거나 선물을 받는 일도 금지되어 있다. 그 회사의 부탁을 들어줄 가능성을 미연에 방지하기 위해

부패 공직자
14년 징역형과 **110억 원의 벌금부과**

태 치양완
前 국가개발부 장관

▌부패한 공직자는 그 누구도 예외 없이 징역형과 함께 전 재산을 몰수당했다.

서다. 또한 공직자가 지켜야 할 규율은 가혹할 정도로 엄격하다. 모든 공직자는 자신은 물론 가족의 재산을 밝혀야 하고 설명할 수 없는 재산은 몰수당한다. 부채와 카지노 방문까지도 점검 대상이 되는데, 사법권에 있는 극소수의 사람은 카지노 방문이 아예 금지되어 있다. 카지노에 자주 가게 되면 재정적으로 어려워지고 많은 부채를 지게 될 위험이 있기 때문이다.

이외에도 공직자가 지켜야 하는 조항은 많다. 공인된 재정기관에서 돈을 빌리는 것은 문제가 없지만, 월급의 서너 배에 달하는 불안정한 상태에 이르면 상관에게 보고해야 하는 것도 그중 하나다. 재정적으로 곤란해지면 필연적으로 부패와 연결될 가능성이 크다고 보기 때문이다.

지켜야 할 행동이 많은 만큼 공직자들의 편의에도 신경을 쓴다. 재정 카운슬링을 받게 하거나 필요한 돈을 대출받을 수 있는 프로그램이 마련되어 있다. 가족 중 한 명이 사고를 당하거나 병을 앓게 되어 심각한 의료비 부채를 지게 되면 조언 서비스나 재정적 카운슬링을 받을 수도 있다.

키스 탄
싱가포르 총리실 직할 공공서비스부장

공무원들이 따라야 할 많은 규칙이 있습니다. 매년 선언서를 써서 재정 상태를 밝혀야 하며, 어떤 부조리도 없다는 것을 밝혀야 하고, 일정 금액 이상의 부채를 지면 안 돼요.

싱가포르 정부는 공직자들이 공공서비스에 필요한 충분한 재능이

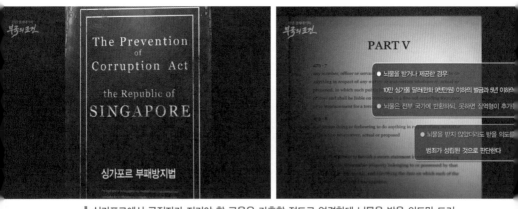

▎싱가포르에서 공직자가 지켜야 할 규율은 가혹할 정도로 엄격한데 뇌물을 받을 의도만 드러
내도 범죄가 성립한 것으로 판단한다.

있는지를 살피고 관리하는 한편, 그에 합당한 보상을 받을 수 있도록 함으로써 통합의 가치를 실현하고자 한다. 공직자들은 정부의 얼굴로 그들의 행동 하나하나가 국민들의 신뢰와 직결된다고 판단해서다.

신뢰를 잃은 정부는 정치 경제적으로 엄청난 손실로 이어진다. 신뢰가 없는 정부는 좋은 정책을 만드는 일을 할 수 없다. 하지만 국민들의 신뢰를 얻은 정부는 어려운 정책을 시행할 수 있으며, 더 먼 미래를 보고 사람들에게 이득이 되는 계획을 세울 수 있다.

단 키캅
싱가포르국립대학교 공공정책학과 교수

안정된 정치 사회적 환경이 있어야 사람들이 에너지를 필요한 곳에 쏟을 수 있죠. 그것이 아주 중요합니다. 그리고 그 체계가 아주 깨끗하고 부패하지 않아야 합니다. 그래야 효율적으로 경제가 성장할 수 있어요.

많은 경제학자들은 부국의 조건으로 풍부한 천연자원과 온난한 기후 등을 든다. 하지만 싱가포르는 석유를 비롯해 어떤 천연자원도 나오지 않는다. 싱가포르에서 가장 큰 자원은 사람이다. 안정된 사회적 분위기에서 사람을 잘 개발하고 체계를 잡으면 그 나라는 별다른 천연자원 없이도 경쟁력을 가진다.

1980년대 아시아의 네 마리 용으로 대한민국, 싱가포르, 대만, 홍콩이 거론되었다. 싱가포르 사람들은 이 4개국 중 싱가포르가 경제적으로 가장 성공한 나라가 될 수 있었던 요인을 MPH 공식으로 표현한다.

첫 번째 공식은 능력주의(Meritocracy)다. 능력주의는 나라를 운영하는 최고의 지도자를 선출하게 해준다. 두 번째 공식은 실용주의(Pragmatism)다. 싱가포르에서는 모두에게 배우는 문화를 가지고 있다. 관료체제에서도 상하 관계보다 수평 관계를 유지하므로 누구든 의견을 낼 수 있으며, 그 의견에 귀를 기울이고 좋은 의견이라면 받아들인다. 세 번째는 정직함(Honesty)이다. 한 사회에서 정직함을 뿌리내리게 하는 것이 가장 어렵다. 하지만 강력한 부패방지법을 시행하면서 재계와 정계는 국민들의 신뢰를 얻고 있다.

세계 기업을 매료시킨 투명한 정치

영국 런던에 본사를 둔 재정컨설팅 회사인 시소르 그룹은 아시아 시장으로 눈길을 돌린 후 첫 번째 지사로 싱가포르를 선택했다.

첫 번째 이유는 비용대비 효과가 크기 때문이다. 싱가포르에 회사를 세우는 과정은 아주 쉽고 한 번에 이루어진다. 기업 규제, 정부의 허가 등 기업을 세우는 데 필요한 법적인 부분은 모두 온라인을 통해 해결할 수 있다. 온라인으로 허가기관과 쉽게 접촉하고 접촉 후에는 빠른 결정을 통보받는다. 비자 신청을 접수하거나 기업으로서 등록 신청을 내는 비용도 그리 많이 들지 않으며, 비싼 변호사나 외부 자문을 구할 필요도 없다.

미국 워싱턴에 지사를 세울 때 시소르는 비자 처리에만 6개월이 걸렸고, 지사 설립 과정에서 선임한 컨설턴트와 변호사에 대한 비용만 7만 달러가량 들었다. 반면 싱가포르에서는 비자 신청이 처리되는 데 단 3일이 걸렸으며 처리 과정이 아주 투명했다. 지사를 세우는 비용으로는 몇천 달러 정도만 들었다.

두 번째 이유는 싱가포르가 국제적인 중심지이기 때문이다. 싱가포르에는 전 세계에서 온 많은 회사들이 모여 있다. 잠재적인 고객과 기존 고객이 한곳에 모여 있기에 비즈니스를 비교적 빠르게 발전시킬 가능성이 큰 편이다.

세 번째 이유는 싱가포르는 세계에서 가장 투명한 사법권을 보유한 나라 중 하나이기 때문이다. 부패와 뇌물을 결코 용납하지 않는다는 장점이 있다. 기업들은 자국의 법에 따라 규제를 받게 되어 있다. 영국은 뇌물 법령에 의해 부패와 연관을 가지게 되면 강한 처벌을 받는다. 미국도 외국 부패 활동 법령이 있어 해외에서의 부패 활동은 금지되어 있다. 관습적으로 부패가 만연한 나라에서 사업상 어쩔 수 없이 뇌물을 주는 것만으로도 자국에선 처벌의 대상이 되는 위험이 따른다. 그래서 유럽의 사업가들은 다른 나라에서 사업을 확장할 때 그 나라의 부패 정도를 먼저 측정한다. 이러한 측면에서 싱가포르는 유럽 기업이 자국의 법을 위반하지 않고도 활동하기에 좋은 나라다.

안드로 넬라
시소르 그룹 싱가포르지사장

싱가포르 정부나 관리기관을 대하면서 한 번도 뇌물을 요구하는 접근을 받지 않았어요. 어떤 종류의 부패행위가 있을 거라고 예상하지도 않았죠. 이것은 우리 같은 외국 업체에는 아주 중요한 부분입니다.

영국 기업 시소르처럼 싱가포르에서 활동하는 유럽 기업은 현재 10만 개에 다다른다. 국가 투명성 아시아 1위이자 세계에서 가장 기업을 경영하기 좋은 나라로 선정될 정도로 부패가 없는 문화는 세계의 기업들이 싱가포르를 찾게 했다.

유럽 기업이 아시아로 진입하기에 비교적 쉬운 곳이라는 장점도 한몫했다. 유럽 회사가 산업을 시작하려는 곳은 국토가 좁고 인구가 적은 싱가포르가 아니다. 그들은 인도네시아, 태국, 말레이시아 등으로 진출해 공장을 세우거나 사업을 확장하고자 한다. 하지만 유럽의 많은 회사들은 아시아를 제대로 알지도 못하고 읽어내지도 못한다. 특히 문화적으로나 사업적으로 복잡한 곳은 위험도가 크다.

반면 싱가포르는 유럽의 기업들이 들어가기에 적당한 국제적 마인드를 갖추고 있다. 게다가 전문적인 기술을 갖춘 인재들을 여러 분야에서 보유하고 있다. 아시아 시장으로 가는 중요한 관문으로 사령탑을 세우기에 적당한 나라인 것이다. 이는 많은 다국적기업이 싱가포르를 찾는 데서도 확인할 수 있다. 다국적기업들은 동남아시아의 다른 나라에서 사업이나 무역을 하더라도 지사는 싱가포르에 세운다.

사업체에서 투자를 결정할 때는 10년이나 20년 이후의 변화를 예측해야 한다. 시장은 늘 변하기 때문이다. 그러므로 정치적, 사법적으로 안정성을 획득했다면 장기적인 투자 전략이 가능해진다. 많은 해외 기업들이 싱가포르를 선택하는 것은 싱가포르에는 정치적, 사법적 안정감이 있기 때문이다.

싱가포르 정부가 외국계 기업이 들어와 사업을 할 수 있도록 핵심적인 지원을 하고 있다는 점도 매력적인 이유가 된다.

첫째, 정부에서 계획을 제공해준다. 이는 싱가포르 정부가 장기적인 계획을 세울 만한 능력이 있어서 적시에 실현할 수 있기에 가능한 일이다. 계획을 세워도 시간에 맞춰 실현시키지 못하는 나라가 많다.

┃ 싱가포르 정부는 외국계 기업들이 들어와 사업을 할 수 있도록 적극적인 지원 정책을 펼치고
있다.

둘째, 인프라를 제공한다. 다른 나라에 투자하는 회사에서 가장
중요한 것은 기반시설의 유무다. 공항, 항구, 고속도로, 주거 등의 기
반시설을 필요에 따라 제공받을 수 있다는 것은 사업에서 아주 매력
적인 포인트다. 그래서 외국계 기업들은 단순히 사무실을 싱가포르
에 세우는 수준이 아니라 센터를 설립해 기술을 들여오고 싶어 한다.
싱가포르 정부 역시 기술적인 혁신을 가져오는 기업을 환영한다. 싱
가포르 정부는 어떤 기업이 어떤 분야의 혁신을 자국으로 가져왔으
면 좋겠다는 점을 분명히 밝힌다.

이러한 이유로 싱가포르엔 유럽 회사들뿐 아니라 한국, 일본, 중
국, 러시아, 미국 등 주요 경제국의 기업이 대부분 진출해 있다. 회사

를 세우기 쉽고, 친근한 방식으로 비즈니스를 해나갈 수 있기 때문이다. 싱가포르는 땅을 제공할 수 없다. 대신 교육수준이 높은 전문가들이 아주 많다. 이런 전문성은 주변국으로 확대되기도 한다. 인도네시아, 말레이시아, 필리핀 등의 경제를 성장시켜줄 수 있다. 그리고 이를 통해 싱가포르가 이득을 취할 수 있다. 실제로 싱가포르는 이들 나라에 투자하고 있으며 적합한 관리를 한다. 이것이 싱가포르가 나아가는 방향이며, 앞으로도 중요한 국제도시로 성장할 수 있는 기반이다.

딘
싱가포르국립대학교 공공정책대학원장

어떤 사회가 성공하려면 자유시장의 '보이지 않는 손'도 필요하고 청렴하고 훌륭한 정부의 '보이는 손'도 필요합니다. 이렇게 보이지 않는 손을 보이는 손과 결합해야 성공할 수 있습니다.

모든 **국민**이 **행복**한
고용제도, 네덜란드

유럽의 병자를 살려낸 고용제도

유럽 북서부에 위치한 네덜란드는 유럽의 관문이다. 로테르담 항구는 라인 강을 끼고 있으며 북해 운하를 통해 북해와도 연결된다. 수도 암스테르담 부근의 스히폴 공항은 80여 개 항공사가 220여 도시로 취항하고 있다.

네덜란드는 한국의 경상도 크기 정도에 불과하다. 그중 20%는 물에 잠기는 황무지로 그다지 넓지 않은 국토를 가지고 있다. 유럽의 관문이라는 지리적 이점 하나만 있을 뿐이지만, 현재 네덜란드는 유럽의 허브로 세계가 주목하는 부국으로 부상했다. 그 배경에는 유연한 고용제도가 있다.

1980년대 초 네덜란드의 경제는 위태로워졌다. 1970년대 두 차례의 오일 위기를 겪은 결과 대량 실업사태가 발생했으며, 대기업은 대기업대로 잉여 인력으로 인해 곤혹스러운 상황에 빠졌다. 조선업 같은 특정 업계가 거의 사라지는 현상까지 발생했고 특히 청년층의 타격이 컸다. 한 세대가 통째로 고용 인구에서 누락될까 우려할 정도로 청년 실업률이 높아졌다. 필연적으로 늘어난 복지 지출로 국가재정은 어려워졌고 네덜란드는 '유럽의 관문'에서 '유럽의 병자'가 되어버렸다.

위기감을 느낀 정부와 노조, 재계는 1982년 한자리에 모여 혁신적인 협약을 체결했다. 이른바 '네덜란드의 기적'을 만들어낸 '바세나르 협약'이다.

▌경상도 크기에 불과한 네덜란드는 유럽의 허브로 현재 세계가 주목하는 부국으로 부상했다.

네덜란드 정부는 바세나르 협약을 통해 취업률을 높이고 만성적인 경기침체에서 벗어나고자 했다. 그래서 이 협약에서 가장 중점이 된 것은 일자리 창출이다. 일자리 창출을 위해서는 사회적 대타협을 통해 합리적인 정책을 이끌어내야 했다. 기존의 고용제도로는 해결 방법을 찾기 힘들기 때문이다.

그렇게 나온 해결책이 '파트타임 고용제의 활성화'다. 노동자가 임금 인상을 억제하는 대신 기업은 일자리를 나눠 파트타임직을 늘리기로 했다. 이로 인해 노동자들은 연 10~15% 수준의 임금 인상 요구를 연 5% 미만으로 낮추고, 기업은 주 40시간의 근로시간을 38시간으로 줄여서 시간제 일자리를 더 늘렸다. 대신 정부는 세금 감면으로 기업의 부담을 덜어주고, 실직자에겐 실업급여를 지급하는 한편 재교육을 통해 취업을 알선해주었다. 그 결과 정책 시행 후 취업률이 상승하는 효과를 누릴 수 있었다. 특히 여성의 취업이 현저한 증가세를 보였는데, 이는 파트타임직을 선호하는 여성의 근로 욕구와 고용주의 요구사항이 일치한 결과였다.

톤 빌트하헌
네덜란드 틸뷔르흐대학교 법학과 교수

바세나르 협약으로 파트타임 고용 형태가 증가했고 실업률을 낮추는

▌노동자가 임금 인상을 억제하는 대신 기업은 일자리를 나눠 파트타임직을 늘린다.

▌정부는 세금 감면으로 기업 부담을 덜어주고,

▌실직자에겐 실업급여를 지급하고 재교육을 통해 취업을 알선해준다.

효과를 보게 되었습니다. 이 협약은 역사적입니다. 노동계, 재계, 정부 3자가 위기 상황을 목격하고 함께 위기에 대처한 출발점이 되었죠.

바세나르 협약은 시간이 지나면서 더욱 정교하게 다듬어졌다. 1993년 노동계와 재계는 파트타임 노동자를 동등하게 대우하는 뉴코스 협약을 체결한다. 뉴코스 협약 이후 임금 인상을 최대 2.5%로 억제하기로 하고 정부 지출과 세금도 함께 줄이는 노력을 병행한다.

뉴코스 협약은 탈중앙집권화를 더 강화한 조약이다. 바세나르 협약 당시 중앙기구의 특정 권한은 하위 산별 기구들에 이전되었다. 노동시간, 업계 효율성 등을 하위 산별 기구인 노사협의체들이 자체적으로 결정할 수 있도록 한 것이다.

하위 산별 기구의 권한 강화는 노사가 그들 상황에 적합한 합의를 할 수 있도록 했다. 이로써 노사정은 업계 사정에 따라 근무시간을 적절히 조정할 수 있는 자율성을 가지게 되었다. 정부는 중재자로서 노사가 합의점을 찾지 못하면 입법 가능성을 거론하며 합의를 재촉할 수 있다. 뉴코스 협약은 각종 결정권, 조건, 협상권 등을 하부로 더 분산시켜 산업별로 세분화하고 개개인들의 기호, 요구 변화에 빠르게 대처할 수 있도록 한 것이다.

1996년에는 '근로시간 차별금지법'이 전면 시행되었다. 근로시간 차별금지법에 의하면 근로자는 일하는 시간의 차이와 관계없이 동등하게 모든 자격을 가지게 된다. 즉 네덜란드에서 파트타임 일자리는 근로시간이 짧은 정규직이지 임시직이 아니다. 네덜란드에서 임시직은 용역직, 임시 용역직, 1인 자영업자, 1년만 유효한 고용계약 같은 유기한 고용계약 등이며 파트타임은 다른 의미로 사용된다. 주당 38~40시간을 풀타임 고용계약이라고 하면, 파트타임 근무자는 근로시간만 이보다 짧을 뿐 휴가, 연금, 승진 면에서 풀타임 근무자와 차별이 없다. 또한 임시 용역직의 최저 기본권도 명시했다.

이렇게 새로운 변화와 경제 상황에 대처하려는 노력은 현재 네덜란드의 취업률을 높이는 데 기여했다. 파트타임직의 비율이 높은 편이지만 그렇다고 노동자들이 쉽게 해고당할 위험을 가지게 된 것은 아니다.

카텔레네 파스히르
네덜란드 노동조합총연맹 부위원장

네덜란드에서 파트타임 일자리는 정규직에 해당됩니다. 해고로부터 보호되는 점, 사회복지에 대한 권리가 정규직과 동일하죠. 정규직과 동일한 단체협약을 따르며 회사 내 권리도 똑같습니다.

파트타임제는 현재 네덜란드 고용 형태의 특징으로 자리 잡았다.

네덜란드 고용률 추이

1999년 70.8%
1994년 63.8%

2012년 여성취업률 70.4%

▌ 파트타임제의 정착으로 네덜란드 고용율은 꾸준히 상승했다.

이 같은 제도로 네덜란드는 고용 안정과 경제성장이라는 두 마리 토끼를 잡을 수 있었다. 이는 재계와 노동계가 토론과 합의를 통해 구축한 협력 관계와 정부의 지원이 있기에 가능했다.

경제를 성장으로 이끈 파트타임제

1982년 바세나르 협약이 있기 전만 해도 네덜란드에서 여성 노동 인구는 매우 미미한 수준이었다. 남성은 풀타임으로 일하며 생계를 책임지고, 여성은 집안에서 가정과 자녀를 돌보는 전통적인 가구 모델을 유지하고 있었다. 그러나 여성들의 교육수준에 비례해 사회진출에 대한 욕구도 높아져만 갔다. 하지만 가사와 육아를 담당하는 여성이 직장생활까지 병행하는 것은 거의 불가능에 가까운 일이었다.

파트타임제의 등장은 여성들이 육아를 하면서도 일을 할 수 있는 기회를 제공했다. 형편에 따라 근무 요일과 시간을 조절할 수 있으므로 주3일 하루 5시간만 근무하고 나머지 시간은 육아에 전념하는 식으로 육아와 일을 병행할 수 있었다.

한 예로, 주3일 파트타임제로 일하는 초등학교 교사 프란신 하거나스는 쉬는 날엔 자신의 세 아이와 시간을 보내거나 이웃 아이들을 함께 돌보기도 한다. 그녀는 파트타이머로 일하면서 아이들과 보내는 시간이 많아져 아이들이 커가는 과정을 지켜볼 수 있어서 좋다고 말한다. 개인의 생활이 풍요로워지고 자녀들과의 삶도 풍부해지면서 아이들의 정서에도 긍정적인 영향을 미치고 있다는 것이다.

파트타임제의 정착으로 많은 여성이 고용시장에 진출할 수 있게 되었다. 네덜란드는 우수한 노동인력을 확보함으로써 경제발전에 큰 도움이 되었다. 청년 실업을 해결하고 노년층의 일자리 창출에도 효과를 보였다. 근로시간을 줄이는 것으로 일자리를 나누는 방식이기 때문에 더 많은 사람이 일할 수 있게 되었다.

네덜란드 정부는 수시로 대규모 취업박람회를 개최하는 것으로 고용시장을 활성화시켰다. 취업박람회에서는 자기 PR 요령 등 구직자가 필요한 교육을 받을 수 있으며, 고용주와 만남의 자리도 마련되어 있다.

▌파트타임제는 여성들에게 육아를 하면서도 일을 할 수 있는 기회를 제공한다.

구직자는 원하는 직장의 대표를 직접 만나 근무조건을 상의한다.

노년층의 일자리 창출 역시 다른 나라에 비해 활성화되어 있다. 50세 이상 구직자의 취업을 위해 약 970억 원을 투자하여 지원하고 있으며, 노년층 구직자가 직접 고용주와 만나는 자리를 늘려 어려운 상황을 돌파할 수 있게 한다. 고용주가 노년층을 고용하면 사회보장국으로부터 지원금을 받는다. 노년층에 대한 지원은 취업교육에서도 이루어지는데, 구직자가 취업 가능성을 보증하는 교육을 받을 경우 지원금을 제공하여 취업을 유도한다.

루드빅 어셔
네덜란드 사회고용부 장관

정부는 입법을 통해 고용주가 근로자에게 투자를 하면 혜택을 주고 있습니다. 실업수당에 의존하기보다는 근로자가 일자리를 유지할 수 있도록 힘쓰고 있지요. 약 1조 원의 재원을 마련해 이직과 취업교육에 힘써왔으며, 청년들을 위한 인턴직 일자리를 마련하여 실업 문제를 해결하고자 합니다.

파트타임제는 전체 사회의 생산적인 측면에서도 유리하다. 고용주는 노동 패턴을 필요에 따라 조절할 수 있으며 필요한 노동력을 탄력적으로 활용할 수 있다. 이는 정치적, 사회적 변화에 빠르고 적절하게 대처할 수 있는 요인이 되었고, 네덜란드 경제의 생산성을 향상시키는 것으로 이어졌다.

톤 스쿤마커스
네덜란드 경영자총협회 사회부장

풀타임 일자리밖에 없다면 기업이 환경 변화에 대처하기가 쉽지 않습니다. 필요한 만큼만 정확히 노동력을 쓰는 것이 힘들죠. 파트타임 노동자가 많으면 그때그때 필요에 따라 인력을 쓸 수 있어 좋습니다.

하지만 파트타임제가 가계 주 소득원이 되려면 주당 근로시간을 어느 정도 유지해야 한다. 한국을 예로 들자면, 주당 10~20시간만 일하고 받는 소득으로는 생계유지가 힘들 것이다. 이런 이유로 파트타임제는 가계 주 소득원의 노동 모델로 적합하지 않다. 고용시장의 유연성이라는 문제와는 별도로 노동자 개개인이 풀타임제에 비해 적은 임금으로 생활해야 하는 부담감을 지게 된다. 이는 곧 빈부격차, 양극화 현상 등 사회문제를 초래하는 원인으로 작용한다. 이를 미연에 방지하는 장치가 바로 사회복지다.

네덜란드는 한국과 달리 사회보장제도가 조성되어 있어 소득이 부족하면 최저 생계 보장비를 지원받을 수 있다. '근로시간에 따른 차별금지법'에 따라 풀타임 노동자와 다름없는 복지 혜택을 누리는 것이다. 다만 근로시간이 짧으면 그에 비례해 사회보장보험 혜택이 줄어들지만 출산이나 산전, 산후 휴가 등 모든 권리는 동일하다.

자본은 시장 상황의 변동에 따라 더 많은 노동력이 필요하기도 하고 그렇지 않기도 하다. 만약 고용주가 자신의 필요에 따라 노동자를 쉽게 고용하거나 해고해버리면 노동 안정성이 무너진다. 노동자가 곧 소비자인 사회에서 실직자의 증가는 결국 내수경제에도 악영향을 미칠 수밖에 없다. 이 때문에 대부분 정부에서는 노동 안전성을 보장하는 고용, 임금 등의 법률을 제정해 고용주가 함부로 해고할 수 없도록 한다.

네덜란드는 대신 파트타임제로 노동시장의 유연성을 확보했다. 자본의 부담을 줄여 생산성을 향상시킨 것이다. 그런 반면 고용주가 노동자를 함부로 해고할 수 없도록 했으며, 풀타임 노동자와 동등하게 대우받을 수 있도록 법적인 규제를 시행했다. 파트타임 임금만으로 불안정할 수 있는 생계를 복지 정책으로 보완했다. 파트타임을 정규직 수준으로 끌어올림으로써 노동 안정성까지 확보했다. 바로 이러한 이유로 네덜란드는 유연한 고용 시스템을 유지하면서도 안정적인 사회, 높은 경제성장을 이룰 수 있었다.

톤 빌트하헌
네덜란드 틸뷔르흐대학교 법학과 교수

파트타임직은 일자리 창출의 한 방법이 될 수 있습니다. 특히 여성 취업을 늘릴 수 있죠. 파트타임직이 활성화되면서 실업률이 낮아지고 네덜란드의 경제는 성장할 수 있었습니다.

기업과 노동자의 신뢰 관계

흔히 네덜란드 경제를 '컨센서스 (consensus) 경제'라 한다. 컨센서스 경제는 경제 관련 정책을 세울 때 정부와 노사단체 대표 간에 사전 이견 조율을 제도화한 것이다. 이로 인해 네덜란드의 노동조합은 원하는 것을 얻기 위해 파업이나 분쟁을 할 필요성을 덜 느낀다. 대화를 통한 합의가 가능하기 때문이다. 노동조합이든 기업이든 이성적으로 문제를 해결하려는 의지가 있으며, 갈등 상황을 심화시키기보다 합의안을 모색한다.

합의점을 찾는 과정은 수많은 동의와 절차가 필요하기에 지나치게 오랜 시간이 걸릴 수도 있고, 빠른 대응이 힘들 수도 있다. 하지만 일단 합의가 이루어지면 갈등은 줄어들고 노사정은 서로 원하는 것을 적정선에서 얻을 수 있다.

컨센서스 경제의 핵심은 신뢰를 바탕으로 한 파트너십이다. 정부와 기업, 노동조합이 동등한 파트너로서 긴밀한 협조 관계에 있음을 인식하지 않고서는 합의를 이끌어낼 수 없다.

네덜란드의 유연한 고용제도 역시 기업주와 근로자의 신뢰를 통해 유지된다. 아르바이트 같은 일자리도 예외는 아니다. 동네 슈퍼마

▌ 네덜란드에서는 아르바이트 사원도 정식 계약서를 체결함으로써 사업주가 함부로 근로 조건을 변경하거나 해고할 수 없게 한다.

켓의 제과 코너에서 아르바이트를 하더라도 서면으로 정식 계약서를 체결해야 한다. 서로가 무엇을 동의했는지 문서로 증명할 수 있고, 갈등이 생겼을 때 계약서의 내용을 제시하고 그 내용을 따르면 되기 때문에 서로에게 이득이다.

네덜란드에서는 아르바이트 사원도 사업주가 함부로 근로 조건을 변경하거나 해고할 수 없다. 이러한 기업주와 근로자의 두터운 신뢰가 네덜란드 경제를 지탱하는 힘이다.

톤 빌트하헌
네덜란드 틸뷔르흐대학교 법학과 교수

노사정의 화합이 중요합니다. 한국의 청사진에 관해서는 서로 의견을 달리할 수 있지만 힘을 모아야 도약이 가능하죠. 신뢰가 결실을 가져옵니다. 신뢰는 한 단계 높은 부국으로 가기 위해 아주 중요합니다.

네덜란드는 경제성장 과정에서 생긴 갈등과 위기를 경제 주체 간의 합의를 통해 극복했다. 그들은 신뢰를 바탕으로 유연한 고용제도를 만들어냈으며, 이는 부국으로 발돋움하는 계기를 마련해주었다.

Chapter 4

독점을 막아 **작은 기업**을 **보호**하는 독일

제도를 통해 독점을 엄격하게 감시하는 정부

독과점 기업이 절대 허용되지 않는 나라가 있다. 유로존의 위기 속에서도 건재한 독일이다. 유럽의 경제 강국 독일에는 작지만 세계 시장에서 우위를 차지하는 명품 중소기업이 많다. 이는 독일이 거대 기업의 독과점을 엄격하게 감시하고 기업 간에 공정한 거래가 가능하도록 제도적인 장치를 마련했기에 가능했다. 그 대표적인 정책이 '경쟁보호법'이다.

경쟁보호 정책은 독점과 담합을 엄격하게 규제함으로써 국내는 물론이고 국제 경쟁력을 강화하는 데 목적이 있다. 독일은 경쟁보호법에 따라 그 어느 나라보다 독점에 강력한 규제를 시행하는 것으로 정평이 나 있다. 하지만 경쟁보호법이 실효를 거두기 전만 해도 독일도 독점의 폐해에 시달렸다. 바로 통신 분야의 독점이었다.

대부분 나라에서 통신 분야는 국영기업이 독점하는 형태다. 독일 역시 국영기업의 독점으로 소비자들은 질 나쁜 서비스를 제공받아야 했다. 하지만 현재 독일의 통신 분야는 기업 간 경쟁을 통해 훨씬 저렴한 가격에 양질의 서비스를 제공한다. 이렇듯 경쟁보호법은 기업이 경쟁하게 만들고 경쟁에서 이기기 위해서라도 효율성을 제공할 수밖에 없게 한다. 또 가격을 낮춰 결국 국민들에게 이익이 되는 효과가 있다.

경쟁보호법이 제대로 작동하려면 강력한 실효성이 뒷받침되어야 한다. 독일은 연방카르텔청을 통해 경쟁보호법을 시행하고 있다. 연방카르텔청에서 주로 하는 일은 합병 감독, 거대 기업의 권력 남용 규제, 담합 추적이다. 합병은 특정한 기업이 경쟁업체를 인수 합병함으로써 전체 시장을 좌우하는 위험이 따른다. 경쟁업체가 없는 기업은 재화나 용역을 고객에게 제공하는 조건을 스스로 결정해버리며, 품질 향상에 노력을 기울이지 않는다. 이는 결국 앞에서 살펴본 바와 같이 텔멕스의 독점으로 멕시코 국민들이 피해를 보는 것처럼 소비자가 질 낮은 서비스를 받으면서도 비싼 가격을 지불하는 현실을 만들 뿐이다. 이 때문에 합병 감독은 특정한 기업이 지나치게 거대해져 시장을 독점하는 상황을 미연에 방지하는 효과가 있다.

거대 기업이 권력을 남용하지 못하도록 감시하는 것은 규제를 통해 특정 시장에 과도한 영향을 미치지 못하도록 하는 것이다. 이때 거대 기업은 단지 대기업에 한정해 말하는 것은 아니다. 특화된 시장에서 우위를 점하는 중소기업은 대기업이 아니어도 시장 경쟁에서 권력 남용이 얼마든지 가능하다. 그러므로 어떤 기업이 시장을 지배하고 있는지를 판단하는 규정도 거대 기업의 권력 남용 규제에 포함된다.

담합 추적은 기업들이 담합으로 특정 시장에서 우위를 남용하는 행위를 찾아내는 것이다. 담합은 몇몇 기업이 상품과 관련된 조건들을 사전에 조율하는 행위로 높은 가격, 불리한 납품 조건, 기타 업체가 네트워크나 주요 인프라에 접근하지 못하게 막는 일 등이다. 이는 품질 저하와 가격 인상으로 이어지기 마련이며 경제 혁신에 제동을 건다.

독일의 독점방지위원회 위원장인 다니엘 침머는 대기업이 시장을 독점할 경우 가질 수 있는 위험을 두 가지로 들고 있다. 하나는 독점 기업 혹은 지배력이 강한 카르텔은 현대적 경쟁구조가 허락하지 않는 무언가를 시장에서 취할 수 있게 된다는 것이다. 이는 곧 상품의 가격을 높게 책정하는 원인이 되며 결국 소비자의 피해로 이어진다.

다른 하나는 경제 전반적인 측면에 미치는 부정적인 영향이다. 상품의

Lebensmittel Zeitung / Seite 26 / 24.09.2010

Die Wächter des Wettbewerbs

경쟁의 감시자

Bild am Sonntag / Seite Politik 03 / 22.05.2011

Kartellamt enthüllt den Skandal an der Tankstelle

카르텔청, 주유소 스캔들의 베일을 벗기다

DER TAGESSPIEGEL / Seite 15 / 22.12.2009

Kaffeekartell muss Millionenstrafe zahle

커피 담합 업체들, 수백만 유로의 벌금을 내야

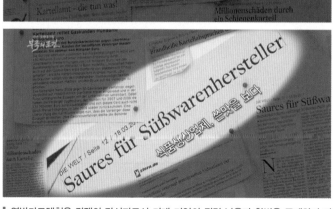

DIE WELT / Seite 12 / 18.03.2

Saures für Süßwarenhersteller

식품생산업체, 쓴맛을 보다

┃ 연방카르텔청은 경쟁의 감시자로서 거대 기업의 권력 남용과 합병을 규제하며 가
  격 담합을 추적한다.

가격이 올라가면 해당 물건을 구매할 수 있는 이들이 줄어든다. 이는 해당 상품을 원하는 이들에게 공급할 기회가 줄어드는 것으로 나타나며 곧 경제 전반의 생산성 하락으로 이어진다. 결과적으로 기업의 경쟁력도 떨어뜨린다. 독점 기업은 질 높은 서비스를 위해 더 노력할 필요가 없고, 다른 기업은 시장 진입이 어려워 자연스럽게 퇴출당한다. 이 같은 상황은 물가 상승뿐 아니라 경쟁에서 밀린 사람들의 실업 등 많은 문제를 발생시키고 전체 경제에도 악영향을 미친다.

카이 바이트너
독일 연방카르텔청 대변인

특정 기업 하나가 시장을 독점하면 경쟁 관계가 차단되고 기업은 더 이상 노력할 필요를 못 느끼게 됩니다. 경쟁이 보장되지 않으면, 이는 다시 고객과 소비자의 부담으로 이어집니다.

특정 기업이 시장을 지배하도록 내버려두지 않고, 점유율이 높은 기업이 경쟁업체를 인수 합병하여 거대해지는 것을 제어하기 위해서는 실효성이 강한 제도적 장치가 필요하다. 그래서 독일은 하나의 기업이 광폭한 거인이 되는 것을 철저히 규제해 공정한 경쟁의 장을 마련해왔다.

한편으로는 대기업이 중소기업의 특화된 업종에 진출하는 것을 허용하는 유연성도 보였다. 법적으로 무조건 막는 것은 새로운 사업 분야 개척이나 새로운 아이디어를 통한 성장을 저해하는 일이 될 가능성이 크기 때문이다. 대신 대기업의 권력 남용을 규제하며 중소기업이 제대로 성장할 수 있도록 지원한다. 독일은 바로 이러한 제도적 장치를 통해 시장의 33.3% 이상을 하나의 기업이 점유하지 못하도록 막고 있다.

다니엘 침머
독일 독점방지위원회 위원장

경제적 관점에서 볼 때 개별 기업의 시장지배력이 너무 커져서 거래 업체를 착취하거나 작은 기업을 시장에서 배제하는 사태를 방지해야 합니다. 개별 기업에 특혜가 돌아가면 그로 인해 경쟁이 왜곡되고 경쟁에 내포된 순기능이 사라져버리니까요.

공정한 경쟁은 기업의 역량을 강화시킨다. 이는 내수시장뿐 아니라 세계 시장에서의 경쟁력으로 이어진다. 실제로 독일에는 무려 1,300개가 넘는 '히든 챔피언'이라 불리는 세계적인 기업들이 있다. 규모가 크지 않음에도 많은 분야에서 1위를 놓치지 않는 기업도 상당수다. 이러한 기업들의 왕성한 활동으로 독일은 2015년 GDP 3조 4,134억 달러를 기록하며 유럽 최고 수준으로 올라섰다.

카르텔법을 탄생시킨 독점 방지의 역사

19세기 말, 독일 경제는 그야말로 부흥기를 맞이한다. 당시 수많은 신생 기업이 등장했으며 무제한의 영업 자유를 인정받았다. 하지만 투매 행위 등의 사기와 산업 스파이를 통한 모략, 기만적 광고와 같은 불법 경쟁행위가 횡행했다. 한 예로, 시멘트 분야가 수익이 높은 산업임에도 불구하고 신문에 "시멘트 사업에 자본을 투자하는 것을 삼가라"는 경고를 익명으로 실은 경우도 있었다. 결국 독일 정부는 이런 사기 행위를 근절하기 위해 1896년 '부정경쟁방지법'의 최초 버전을 공포하였다.

1860년대 이후 미국을 비롯한 유럽의 많은 나라에서 카르텔이 나타나기 시작했다. 1890년대에는 모든 경제생활에서 나타날 정도로 자리를 잡게 된다. 카르텔은 동종 산업의 기업들이 경쟁하는 대신 연합하여 독과점적 수익을 올리는 부당한 공동행위를 뜻한다. 카르텔은 제품의 생산량과 가격 등을 결정하고 판매 조건, 지불 기한 등에 대해 협정을 맺는다.

카르텔은 주로 기업의 담합을 통해 독점으로 이어진다. 몇 개의 기업이 원료의 주요 산지를 장악하면 독점이 일어날 수밖에 없다. 뒤늦게 뛰어든 다른 기업은 원료를 구입하기 힘들어지기 때문이다. 19세기 말에는 석탄이나 철 등의 원료에서 많이 보였고 완제품에 대한 독점은 덜한 편이었다. 하지만 20세기로 넘어오면서 독점은 원료뿐 아니라 완제품까지 확대된다. 게다가 거대 기업은 그들의 자본력과 기술력, 조직력을 이용해 더 광범위하면서도 체계적인 독점을 진행한다. 이 때문에 자본주의 발전의 마지막 단계는 독점이라는 말이 나올 정도로 독점은 자본주의의 전형적 특징처럼 자리 잡았다.

부정경쟁방지법이 등장한 지 반세기가 지나 경쟁제한금지법인 '카르텔법'이 제정되었다. 당시 이 법을 제정하고자 한 경제부 장관 루트비히 에르하르트는 재계의 거센 반발뿐 아니라 소속 정당과의 갈등에 휘말렸다. 하지만 의지를 꺾지 않고 해당 법을 통과시킨 결과 1958년에 카르텔법이 발효되었으며 1년 후 발족되었다.

카르텔법은 시장경제 원칙을 채택함으로써 경쟁에 입각한 경제질서가 최대의 성과를 담보하도록 했다. 최고의 서비스를 제공하는 기업이 시장에서도 최고의 입지를 굳힐 수 있도록 유도해 독일 경제 전반에 긍정적인 결과를 가져왔다. 각 분야에서 경쟁하는 기업들이 소비자에게 유리한 조건에 효율적으로 물건을 제공했으며, 시장을 지배하는 기업이 힘을 남용하는 사태를 막는 데 성과를 보였다.

카이 바이트너
독일 연방카르텔청 대변인

독일 경제는 사회적 시장경제를 표방하고 있고, 기본적으로 경쟁이 경제 질서 확립을 뒷받침하는 중대한 기둥이라 믿습니다. 경쟁 때문에 기업은 좋은 상품을 최대한 낮은 가격, 최적의 조건에 제공합니다. 경쟁이 없다면 그래야 할 압박감도 못 느끼죠.

경쟁에는 로비를 허용하지 않는다

독일은 전통적으로 경쟁을 보호하는 것을 높게 평가해왔다. 공정하고 원활한 경쟁이야말로 경제발전의 원동력이 될 수 있기 때문이다. 독일은 독점 규제가 꼭 필요하다는 사회적 합의가 마련되어 있는 상황이다. 따라서 독점 규제를 맡고 있는 연방카르텔청에 독립적이면서도 강력한 힘을 실어주었다.

독점 규제의 대상은 거의 모든 분야에 걸쳐 있다. 에너지, 통신, 우편 사업도 그 대상이 된다. 원래 이러한 사업은 국영기업이 담당하며 독점적 지위를 누리고 있었지만 오랜 기간에 걸쳐 민영화하기에 이르렀다. 민영화 초기엔 국영기업을 인수한 기업들을 법적으로 보장해주었다. 인프라나 네트워크에 접근할 수 있도록 보장하여 기업이 자리를 잡게 한 것이다. 그런데 만일 멕시코의 카를로스 슬림이 국영기업인 텔멕스를 인수한 후 수십 년간 독점적 지위를 누렸던 깃처럼 독일도 민영화하는 과정에서 기업들에 독점적 지위를 부여했다면 자유경쟁과 성장은 요원한 일이 되고 말았을 것이다.

독일은 국영기업을 민영화하는 과도기적 상황에서 잠깐 동안만 법적인 보장을 주었을 뿐 이후엔 자유경쟁에 맡기는 시스템으로 돌입했다. 국영기업을 민영화한 것이 독점을 규제하는 첫 번째 단계라면, 민영화된 기업을 자유경쟁에 붙이는 것이 두 번째 단계다. 이 같은 과정은 시장을 다양화시켰다. 에너지 시장은 전력, 가스, 지역난방, 난방용 전력 등 종류도 다양할 뿐만 아니라 생산단가, 공급방식, 배급방식에

독일 연방카르텔청

┃ 연방카르텔청은 독점 금지 관련 규제를 집행하는 독립 기관이다.

따른 구분도 존재한다. 이때 연방카르텔청은 독점, 담합, 권력 남용 등을 감시하고 문제가 된 상황을 해결하는 데 힘을 발휘한다.

지난 2008년 연방카르텔청은 가스 공급업체와 관련해 여러 건의 소송을 진행했다. 고객에게 불리하게 높게 책정된 가스비를 인하하기 위해서였다. 또 독일 우편국이 소규모 업체의 기계를 정비할 수 없게 방해공작을 펼쳤다는 의심이 대두되자 소규모 업체가 기계를 정비하고 점검할 수 있도록 했다.

연방카르텔청의 힘은 지역 경제에도 뻗어 있다. 대표적인 예로 상수도 사업이 있다. 독일의 상수도 사업은 대부분 도시에서 독점적인 형태다. 그래서 각 도시에 따라 수도세의 차이가 클 수밖에 없다. 어떤 도시 사람들은 다른 도시의 사람들보다 다섯 배나 비싼 수도세를 내기도 했다. 이에 연방카르텔청은 소규모 독점 업체에 소송을 진행하고 가격을 인하하는 방안으로 해결책을 찾아냈다.

이러한 과정에서 있을 법한 로비는 연방카르텔청에는 해당되지 않는다. 연방카르텔청은 독립된 기관이어서 결정 역시 독립적으로 내린다. 연방카르텔청은 의장 한 명과 직원 2명이 있는 부서로 이루어진다. 사실을 판단하는 권한이 있는 심결부는 법원과 유사하게 독립성을 가지고 결정하게 되어 있어 정계나 정부가 어떤 영향력도 미치지 못한다. 심지어 대통령도 연방카르텔청에서 내린 결의를 번복하거나 바꿀 수 없다. 다만, 대상 기업이 벌금이 너무 많다는 등의 이유로 법

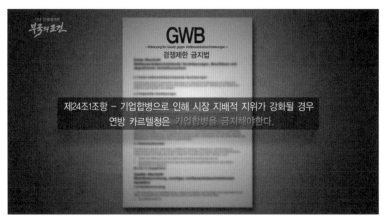

■ 연방카르텔청의 막강한 힘은 이를 뒷받침하는 제도에서 나온다.

정에 이의를 제기할 수 있다. 그럴 경우 소송으로 이어지게 된다.

독일 연방카르텔청은 다른 유럽 국가의 담당 기관에 비해서도 훨씬 강력한 힘을 발휘한다. 이는 다른 어떤 기준에도 얽매이지 않고 오직 경쟁보호법에 의거하기 때문이다. 당연히 로비가 끼어들 여지가 없다.

카이 바이트너
독일 연방카르텔청 대변인

연방카르텔청은 독립적입니다. 법원 같은 역할을 하기 때문이죠. 연방카르텔청 내부도 각 기관이 독립적으로 존재합니다. 그래서 어떤 기관에서 회사에 벌금을 물렸을 때 청장이 어떻게 할 수 없습니다.

중소기업이 강한 나라가 될 수 있었던 이유

        독일은 대기업이 중소기업의 특화 분야에 진출하는 사례 자체가 드물다. 유럽의 경제 강국으로 불리지만 현재 독일에는 〈포춘〉 선정 500대 대기업이 겨우 29개로 적은 편이다. 반면에 중소기업은 약 360만 개나 된다. 여기서 중소기업은 연간 매출액이 1,000만 유로 미만이며 종업원 수가 500명 미만인 회사를 말한다.

베른하르트 페노어
독일 뮌헨대학교 전략매니지먼트 교수

독일 기업은 다양한 구조로 되어 있는 것이 특징인데 상장 대기업이 있고 큰 가족기업, 그리고 작은 가족기업이 있습니다. 이 기업들 간에 또 많은 네트워크가 존재하고요. 모든 기업이 동등한 자격을 갖고 있으므로 하나의 기업 형태를 선호하지 않습니다. 대기업도 혁신적인 제품 개발을 위해서는 여기에 맞는 부품이 필요하기 때문에 중소기업과 잘 협력하죠.

독일은 2차 세계대전 패망 후 중소기업이 발전하게 된다. 그 이유

출처 : 독일 본 중소기업연구소 (2011)

❙ 유럽의 경제 강국 독일에는 〈포춘〉 선정 500대 대기업이 29개밖에 없다. 반면에 중소기업은 약 360만개나 된다.

로는 크게 두 가지를 들 수 있다. 하나는 당시 대부분 재벌 기업이 군산복합체였기 때문에 전승국들에 의해 해체를 겪어야 했기 때문이다. 다른 하나는 독일 정부가 중소기업을 장려했기 때문이다. 패망한 독일은 광범위하게 파괴된 국토를 재건해야 하는 처지에 놓였다.

이때 독일 정부는 대기업뿐 아니라 중소기업을 장려해 경제복구에 참여하도록 했다. 이후로 독일 정부는 중소기업이 발전할 수 있는 환경을 조성하기 위해 세 가지 방향으로 노력을 기울였다.

첫째는 학업과 직업을 병행하는 이원 직업교육 시스템을 통해 잘 훈련된 인력을 양성하는 것이다. 기업이 성장하기 위해서는 새로운 자질을 갖춘 인력의 공급이 필요하다. 하지만 중소기업은 대기업과 달리 재원 확보에 어려움을 겪을 수밖에 없다. 이원 직업교육 시스템은 생산 전문가이면서 이론을 이해하는 인재를 양성해 중소기업에 인력을 공급한다.

둘째는 중소기업이 자금이 필요할 때 공익 위주의 은행 시스템을 통해 낮은 이율로 돈을 빌릴 수 있도록 하는 것이다.

셋째는 기술 장려 프로그램이다. 높은 수준의 연구를 기업 간에 교환할 수 있도록 하며 특정 분야나 지역을 지원한다. 연구 프로젝트를 시행하는 중소기업이 신청할 경우 저리로 대출받는 것이 가능하다.

중소기업의 발전은 정부의 지원과 기업의 노력이 맞물릴 때 가능하다. 독일의 중소기업은 연구와 개발, 직원들의 자질 향상, 전 세계 네트워크의 구축 등에서 혁신적 노력을 아끼지 않는다. 경쟁 그 자체가 가지고 있는 촉진 기능으로 인해 효율성이 떨어지는 기업은 시장에서 살아남기 힘들기 때문이다. 경쟁에 놓여 있는 기업은 국내 경제를 활성화시키며 세계 경제에서도 경쟁력을 갖춘다.

독일이 수출에 강세를 보이는 것은 유럽의 중심에 위치한 지리적 이점 때문만은 아니다. 유독 특화된 분야에서 강세를 보이는 중소기업이 많으며, 그러한 기업들이 해외 시장에서도 경쟁력을 가지기 때문이다.

독일은 기업의 규모를 키우기보다 중소기업의 경쟁력을 키우는데 중점을 둔다. 이는 시장을 보다 다양하게 성장시키며, 경쟁을 통해 질 높은 서비스를 제공할 수 있음을 정확하게 인식하고 있기 때문에 가능한 일이다. 독일 연방카르텔청의 권력이 다른 나라의 기업 관리기관보다 독립적이면서도 강력한 것은 바로 이러한 인식에서 비롯된다. 결과적으로 독일은 몇 개의 거대 기업이 시장을 독식하는 구조에서 벗어나 다양한 구조 속에서 수백만 개의 중소기업이 국가 경제의 버팀목이 되는 성과를 얻어냈다.

Chapter 5

장기 침체로
절망에 빠진 일본

양극화를 불러일으킨 경제 정책

              일본은 2차 세계대전의 잿더미 속에서 40년간 고속성장을 이어왔다. 1980년대에 이미 세계 2위 경제대국으로 올라섰고, 세계에서 무역흑자를 가장 많이 내는 나라가 되었다. 당시 경제학자들은 일본이 미국을 제칠 것이라는 예상까지 했으며 한국 경제의 롤모델이 되기도 했다.

  하지만 1990년대 초 거침없이 상승하던 주가가 추락하기 시작했다. 부동산 거품이 빠지면서 담보대출로 규모를 키워온 금융기관은 위기에 빠지고 기업들도 같이 부실해졌다. 결국 일본은 고도 경제성장을 멈추고 장기 침체의 늪으로 빠져들었다. 1990년대에 시작된 경기 침체는 20년 넘게 계속되어 이른바 '잃어버린 20년'으로 표현되기도 한다. 일본이 장기 침체에 빠진 원인은 무엇일까?

일단 거품이 붕괴되면서 은행의 부실채권이 대량으로 발생한 데 있다. 당시 문제가 된 부실채권은 그 규모가 1,000조 원에 이를 정도로 거대했다. 이 대규모 부실채권이 처리되는 과정에서 사회, 기술, 산업 등 모든 분야의 전환이 지연되어버렸다. 게다가 부실채권의 처리에도 실패했다.

일본 정부의 경제개혁 실패도 장기 침체의 원인으로 들 수 있다. 일본 정부는 불황을 타개하고자 금융완화 정책을 시행했다. 엔화를

| 한때 세계 2위의 경제 대국이었던 일본은 20년째 계속되는 장기 침체의 늪에서 빠져나오지 못하고 있다.

하락시켜 수출 대기업을 살리는 정책을 우선으로 한 것이다. 엔화의 저하로 수출 기업은 이익이 되었지만 내수시장은 줄어들었다.

또한 수출경쟁력을 높이기 위해 임금을 하락시키고자 기업은 정규직을 줄이고 비정규직을 크게 늘렸다. 파견 노동자, 계약 노동자 등 비정규 고용직이 맹렬한 기세로 늘어났으며 급여는 낮아졌다. 반면 정부는 소비세를 늘리고 사회보장을 줄이면서 실질적인 국민소득은 낮아지는 결과를 가져왔다.

엔저를 계속 유지하기 위해 금융완화를 지속하면서 주식, 토지, 부동산 등의 자산을 가진 사람들이 금융 쪽으로만 몰리게 되었다. 금융과 노동시장의 규제 완화는 수출경쟁력을 높이는 대신 주가와 부동산의 상승으로 이어졌다. 주가와 부동산의 상승으로 기업과 자본가의 금융자산은 늘어났다. 대신 대다수 서민은 더 가난해졌다. 결국 경제 전체는 전혀 개혁되지 않고 순환이 되지 않는 상태가 정착되어 버렸다.

가네코 마사루
일본 게이오대학교 경제학부 교수

버블 붕괴 후 정책의 실수가 지금의 문제를 낳았습니다. 중요한 것은 금융완화 정책과 고용시장에서의 규제 완화는 둘 다 일부 수출 기업

불황을 타개하기 위해 일본 정부는 수출 대기업을 살리는 정책을 우선적으로 펼쳤다.

고용 조건을 완화시켜주자 기업은 정규직은 줄이고 비정규직을 크게 늘렸다.

반면 정부가 소비세는 늘리고 사회보장은 줄이면서 실질적인 국민소득은 낮아
져 빈부 격차만 벌어지게 되었다

에만 유리한 정책이라는 사실입니다. 그런 정책을 펼치면 일부 부자들은 풍족해지겠지요. 규제 완화로 임금이 줄어들고 고용이 해체되면 수출 기업은 유리하지만 국내 경제는 점차 위축됩니다.

일본 정부의 경제 정책은 실패로 끝났다. 고용이 불안한 비정규직이 늘면서 서민들은 쉽게 빈곤의 나락으로 떨어졌다. 그 결과 20년 만에 빈곤층이 50%가량 늘어났으며, 1억 중산층을 자랑하던 일본 사회는 심각한 양극화 사회로 바뀌었다. 노숙자는 해마다 늘고 있고 학생이나 직장인조차 도시 곳곳의 무료급식 센터를 찾아 밥을 먹을 정도다. 경제성장 둔화의 영향으로 1996년 세계 3위를 기록했던 일본의 1인당 GDP는 2015년엔 3만 3,223달러로 세계 25위를 기록하며 하락세를 이어가고 있다.

빈곤층이 많아질수록 사회보장제도는 그 기반을 잃게 된다. 연금보험, 건강보험, 공적 의료보험료 등을 지불할 수 없거나 지불하지 않는 사람들이 대량으로 늘어나기 때문이다.

인구 감소 문제도 사회보장제도의 위기를 앞당긴다. 일본의 저출산은 엄청난 기세로 진행되고 있다. 특히 비정규직끼리의 결혼 비율은 비정상적으로 낮은 편이다. 미래에 대한 불안은 젊은 세대에게 결혼이나 출산을 생각할 수 없게 만든다. 가족을 꾸리고 양육을 하는 데 드는 비용을 감당할 수 없기 때문에 애당초 결혼이나 출산을

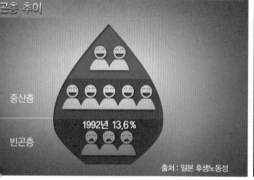
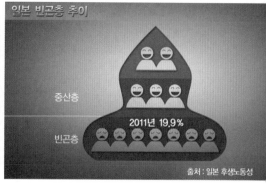

▌ 정부 정책의 실패로 1억 중산층을 자랑하던 일본 사회는 심각한 양극화 사회로 바뀌었다.

포기해버린다. 이는 곧 인구 감소로 이어져 일본을 초고령 사회로 만들었다.

유엔이 규정한 바에 따르면 65세 이상이 총인구의 7% 이상을 차지하면 고령화 사회, 14% 이상이면 고령 사회, 20% 이상이면 초고령 사회로 분류한다. 일본은 1970년대에 이미 65세 이상 인구가 7.1%를 차지해 고령화 사회로 진입한 이후 꾸준히 증가해 1994년에 14%를 넘어 고령 사회가 되었고, 2009년에 22%로 초고령 사회에 진입했다. 2015년엔 25.1%까지 늘어 4명 중 1명이 65세 이상으로 심각한 상황이다.

인구의 노령화는 생산력을 떨어트릴 뿐 아니라 젊은 세대가 책임져야 하는 노인 세대가 그만큼 많아지는 것을 뜻한다. 고령 인구의 증가로 사회복지 비용의 지출이 매년 늘고 있는 추세다. 사회보장제도의 기반이 무너진 사회의 젊은이들은 경쟁력에서도 크게 뒤처지는 위험에 처하게 되었다.

가네코 마사루
일본 게이오대학교 경제학부 교수

고용이 단절되고 임금이 오르지 않아서 가장 불안정해지는 사람은 젊은 세대입니다. 장래를 책임질 젊은이들이 결혼할 수도 아이를 낳을 수도 없고 기술을 익히거나 공부하는 것도 포기하면 경쟁력이 낮아집니다. 게다가 이들을 비정규직으로 만들면 사회보장제도도 유지되지 못합니다.

기업은 당장의 이익을 위해 값싸면서도 언제든 해고 가능한 노동력을 원한다. 하지만 이는 결과적으로 양극화 현상, 사회보장제도의 위기, 기술 계승의 부재, 내수시장의 쇠퇴 등과 같은 사회적 손실로 이어진다. 이러한 일이 발생하지 않도록 제도적 장치를 마련하는 것이 바로 정부의 역할이다.

그런데 일본 정부는 안일한 대처로 1992년에 시작된 경제위기를 장기불황으로 이어지게 했다. 대기업만 돈을 벌게 되는 수출 중심의 경제구조를 만들어 내수시장을 얼게 하고 양극화 현상을 심화시켰다. 그럼에도 이러한 상황에 책임지는 사람은 아무도 없다. 책임지는 사람이 없기에 정책 방향을 전환하지도 못하고 침체된 상황은 고착화되어 버렸다.

경제의 발목을 잡는 블랙 기업과 비정규직

고이즈미 정부는 2004년부터 구조조정 개혁을 시행해왔다. 기업의 필요에 따라 고용과 해고를 자유롭게 할 수 있게 했으며 임금 억제로 기업의 부담을 줄였다. 사업주 부담인 사회보장 책임의 의무를 줄여 사회보장에 대한 기업의 부담도 덜어주었다. 한마디로 고비용 체질을 시정하면서 기업의 부담을 가볍게 한 것이다. 그 결과 일본의 고용시장은 더욱 불안해졌고 노동자들은 언제 해고될지 모르는 불안감에 시달렸다.

최근 일본에는 직원을 함부로 해고하거나 초과 근무를 강요하는 악덕 기업이 늘고 있다. 악덕 기업은 어느 나라에나 존재하지만 일본의 고용 관행에서 악덕 기업은 특수성을 지닌다.

과거 일본 기업은 노동자를 종신 고용하는 대신 절대적인 복종을 요구했다. 절대적인 순종, 초과 근무 강요 등이 그것이다. 그런데 고용 보장이 무너진 오늘날에도 일본형 고용 관행은 여전히 이어진다.

┃ 부당 해고된 여성이 기자회견을 하는 모습. 최근 일본에는 함부로 직원을 해고하는 블랙 기업
이 늘고 있다.

예전처럼 노동자에게 절대적인 순종을 강요하면서도 언제든 쉽게 해고의 칼날을 휘두르게 된 것이다. 노동자 입장에서는 해고의 위기에 시달리면서도 초과 근무나 잔업 등의 요구에 무조건 복종해야 하는 상황이다. 일본에서는 이런 기업을 '블랙 기업'이라 부른다.

블랙 기업은 인터넷에서 청년들을 중심으로 퍼진 용어다. 일본 청년들은 블랙 기업을 '법령에 어긋나는 조건의 비합리적 노동을 젊은 노동자들에게 의도적, 자의적으로 강요하고 노동 착취가 일상적, 조직적으로 이루어지는 기업'이라 정의한다. 블랙 기업은 원래 야쿠자와 관련된 회사를 가리키는 말이지만, 현재 일본에선 노동자에게 가혹한 노동을 강요하고 불법으로 해고를 일삼는 기업을 뜻한다. 블랙 기업은 오늘날 일본의 사회문제로 대두되고 있다.

청년 노동 비영리조직인 포세는 블랙 기업의 전형적인 고용 패턴을 '대량 모집 → 선별 → 쓰고 버리기'라고 말한다. 필요한 인원보다 더 많은 인원을 모집해 장시간 근무시키고, 부조리한 명령에 순응하지 않거나 적응하지 못한 식원은 가차 없이 해고해버리는 것이다.

블랙 기업에 취직한 젊은이들은 일회용처럼 쓰다 버려진다. 정규직보다 비교적 해고가 쉬운 비정규직에 대한 해고와도 질적으로 다르다. 편법은 채용 당시부터 시작된다. 채용 조건에 정규직 채용으로 명시해두었지만 실제로는 인턴이나 비정규직으로 변경한다. 정규직으로 전환되기를 바라는 노동자는 기업이 아무리 가혹한 요구를 해도 참고 견딘다. 업무 피로도와 정신적 스트레스에 시달리는 젊은 노동자가 갈수록 많아지고 있지만 일본 정부는 이에 대한 대책 마련에도 소극적이다.

블랙 기업은 안정적인 시스템을 갖춘 대기업보다 중소기업이나 신생 기업에서 많이 나타난다. 하지만 블랙 기업의 범주 안에 있지 않다고 해서 기업의 노동자 모두가 정당한 대우를 받고 있는 것은 아니다.

야마다 신고
일본 시민단체 '청년 유니온' 사무국장

블랙 기업이라는 용어가 젊은이들 사이에 퍼져 있다는 것은, 고용 형태에 부당함을 느끼는 청년들이 많다는 것을 뜻합니다. 일본은 주변 국가들이 보기에는 잘 사는 나라일지 모르지만 실제로는 그렇지 않다는 사실을 알려야 한다고 생각합니다.

일본 후생노동성이 발표한 2014년 취업 형태 조사에 따르면 파트타임과 파견직을 포함한 비정규직은 40.5%로 10명 중 4명이 비정규직으로 근무하고 있다. 2,000만 명이 넘는 사람이 비정규직인 실정이다. 이 중 시간제 근로자가 가장 많으며 아르바이트, 파견직, 계약직 등이 그 뒤를 따른다. 이들은 정규직에 비해 고용 보장이 불안하고 임금에서도 현격한 차이를 보인다.

❙ 집 없는 사람들을 위해 마련된 임시거주지. 비정규직이 늘면서 서민들은 쉽게 빈곤의 나락으로 떨어진다.

일본 정부와 재계는 경제를 살린다는 명목으로 비정규직을 크게 늘렸지만 이는 오히려 일본 경제의 발목을 붙잡는 결과를 낳았다. 비정규직화로 인한 임금 하락은 소비를 억제해 내수경제를 침체시켰다. 이는 생산 하락으로 이어졌다. 생산 상승 없이는 임금 상승도 없다. 임금 하락, 소비 억제, 생산 하락 등이 맞물려 있는 동안 고통을 받는 사람은 서민들이다.

다단계 하청으로 인한 임금 착취

2013년 3월 11일, 일본의 도호쿠 지방 태평양 해역에서 규모 9.0의 대지진이 발생했다. 거대한 해일은 후쿠시마 제1 원자력발전소의 원자로 1~4호기를 덮쳤다. 이는 방사능 누출로 이어졌다. 그리고 지금까지 반경 10km 지역은 거주와 통행이 불가능하다. 반경 20km 지역 역시 아무도 살 수 없는 유령도시로 변해버렸다. 유령도시를 찾는 사람들은 두 부류다. 하나는 자신의 집에 당일치기로 물건을 가지러 가는 사람들이고, 다른 하나는 원전 노동자들이다.

방사능 경계구역 해제 지역엔 어김없이 원전 노동자들이 투입된다. 경계구역 해제 지역이라고 해서 안심하고 돌아다닐 수 있다는

▌원전 노동자들은 다단계 하청으로 인한 착취 구조 속에서 위험수당도 빼앗긴 채 위험에 노출되어 일한다.

말은 아니다. 나뭇잎을 만지는 것만으로도 방사능 오염이 될 정도로 방사능 수치는 여전히 높다. 그럼에도 이들은 방사능복조차 입고 있지 않다. 알파선, 감마선, 베타선 등의 방사능은 인체의 세포를 파괴해 치명상을 입힌다. 이러한 방사능은 납을 통과하지 못한다. 때문에 납으로 코팅해 만든 방사능복은 원전 노동자들에게 최소한의 안전 장치가 될 수 있다. 하지만 원전 노동자들이 지급받는 것은 마스크와 헬멧, 장화뿐이다. 작업복은 노동자 개개인이 시중에서 파는 옷을 구입해 입는다.

보호 장비를 갖추지 못하고 일하는 시간은 오전 8시 30분부터 오후 4시까지다. 그들이 주로 하는 일은 방사능에 오염된 수목을 제거

하고 흙을 긁어내는 것이다. 방사능 수치를 낮추기 위해서다. 그런데 노동자 대부분은 자신이 일하는 곳이 방사능에 얼마나 노출되어 있는지 전혀 알지 못한다. 원전 노동자에겐 위험수당이 있다는 사실도 뒤늦게 신문을 보고서야 알기도 한다.

도쿄전력 전직 하청 노동자였던 나카무라 다다쓰네는 방사능 오염 제거 작업에 참여했고 일에 대한 대가로 일당 12만 원을 받았다. 하지만 나중에 알고 보니 일본 정부에서 원청업체에 일당으로 지불한 금액은 1인당 46만 원이었다. 그가 작업한 곳은 원전 20km 반경 내의 지역이어서 하루에 10만 원의 위험수당도 붙는 데다 의료비 등이 포함되어 높았던 것이다. 그와 같은 현장에 투입된 사람이 35명이었는데 그래도 높은 일당을 받은 편이었다. 8만 원을 받은 사람도 있었다. 노동자들은 위험수당에 대한 말 같은 건 들어보지도 못했다.

원청업체가 받은 금액과 노동자가 받은 금액에 차이가 큰 것도, 동일한 시간, 동일한 노동을 하는데 임금에 사람마다 차이가 있는 이유도 모두 다단계 하청으로 인한 임금 착취 구조 때문이다.

어떤 단계의 하청업체에 소속되었는지에 따라 받는 임금도 다르다. 다단계 하청 구조는 5차까지 있지만, 어떤 현장에는 10차에 가까운 하청업체가 있는 경우도 있다. 일당 12만 원을 받은 나카무라는 5차 하청업체 소속이었으니 8만 원을 받는 노동자는 6차나 7차 하청업체 소속이었던 셈이다. 즉 5차 하청업체 소속 노동자는 2, 3, 4차 하청업체가 단계별로 돈을 가로채는 바람에 원래 측정된 임금보다 훨씬 적은 임금을 받게 된다.

하청업체가 가로챈 돈에는 위험수당도 있다. 이에 항의한 노동자는 가차 없이 해고당한다. 일본 노동기준법에 의하면 고용주는 해고하기 한 달 전에 노동자에게 통보하게 되어 있지만 당일에 해고 통보를 해버린다. 이러한 상황이 아니어도 원전 노동자는 늘 해고의 위기에 처해 있다. 도쿄전력의 정규직 사원들과 달리 원전 노동자들 대부분은 일용직이다. 도쿄전력은 일용직 노동자를 3개월이나 6개월 단위로 해고하는 것으로 사회보험금 가입비를 아끼고 있다.

다단계 하청으로 인한 임금 착취 구조는 비단 원전 노동자의 문제만은 아니다. 특히 건설업계의 경우 현장에서 일하는 사람들은 보상을 받지 못하는 구조 속에 놓여 있다.

나카무라 다다쓰네
일본 도쿄전력 전직 하청 노동자

정말 살벌한 사회가 되었다고 봅니다. 우리는 차별을 당했습니다. 2개월 정도였지만 인간이 이런 취급을 받을 수 있구나 싶었습니다. 쉽게 사람을 해고하고 아무 보장도 없었습니다.

위기의 대한민국, 일본의 길을 따를 것인가?

한때 세계 경제를 주름잡고 두터운 중산층을 자랑하던 일본은 지금 양극화가 심해진 절망적인 사회로 변해가고 있다. 대한민국은 어떠한가?

현재 한국은 1990년대 일본의 거품 경제가 붕괴된 후 지금까지 침체에서 벗어나지 못한 상황을 고스란히 뒤따르고 있다. 경제성장률 저하, 불안정한 고용 환경, 복지의 부재 등은 가계부채 상승, 저출산, 중산층 감소와 빈부 격차의 심화, 비정규직 증가, 청년 실업, 노후 빈곤 등의 문제를 낳았다. 결혼해서 아이를 낳고 키우기에 적절한 환경이

한국 *KOREA*
1인당 국민소득 23,100달러 (2012년)
행복지수 41위 (UN통계, 2012년)

❘ 한국은 거품 붕괴 후 침체에 빠진 일본 경제를 뒤따르고 있다.

구축되어 있지 않으며, 노후의 삶에 대해서도 불안감에 시달리는 현실이 되어버렸다.

잠재성장률 전망도 그다지 밝지 않다. 현대경제연구원 보고서에 따르면 2016년부터는 잠재성장률이 2%대에 불과할 것이라 예상하고 있다. LG경제연구원의 전망도 이와 다르지 않다. 2000년대 이후로 한국의 잠재성장률은 지속적인 하락세를 기록하면서 저성장의 고착화에 대한 우려를 낳고 있다.

이는 결국 가계 경제의 부담으로 이어진다. 2015년 3분기 기준으로 대한민국의 가계부채는 1,166조 원을 돌파했다. 대출 규제가 완화되고 금리가 사상 최저 수준으로 떨어지면서 가계부채는 지속적으로 증가 추세를 보이는 실정이다. 통계청에 따르면 전체 가구의 64.3%가 빚을 지고 있는데, 세 가구 중 두 가구는 빚이 있는 셈이다. 문제는 빚은 가파르게 늘고 있는데 소득은 제자리걸음을 하고 있다는 것이다.

이 같은 배경에는 우리 사회의 불안정한 고용 환경이 있다. 청년들은 취업하기가 어려워졌으며 운이 좋게 취업을 했다 해도 비정규직인 경우가 허다하다. 이러한 현실을 이용해 일본의 블랙 기업과 다르지 않은 행태를 보이는 악덕 기업이 사회문제로 대두되기도 한다. 정규직 역시 안정된 상황은 아니다. 한국의 고용보호지수는 2.17로 OECD 34개 회원국 중 22위로 중하위권이다. 10년 이상 장기근속자 비율도 18.1%에 불과해 회원국 중 가장 낮은 수치를 기록한다. 정규 직이든 비정규직이든 상시 해고 위험에 노출되어 있다.

취업의 문턱은 높고, 계약직은 증가했으며, 해고는 자유롭다. 이러한 현실에서 고용주는 절대적 갑이 되었다. 최소한의 생계를 유지하고자 애를 쓰는 사람은 많지만 노동 수요를 감당할 일자리는 줄어들었다. 자본주의 사회에서 고용 창출은 개인의 생계유지뿐 아니라 내수경제에도 영향을 미친다. 노동자가 곧 소비자이기 때문이다. 전 세대에 걸쳐 취업난이 극심할수록 소비는 위축될 수밖에 없다. 위축된 소비는 위축된 경제로 이어지며 결국 경제성장의 걸림돌로 작용한다. 이는 소득 불평등과 양극화의 심화로 이어진다. 특히 비정규직의 증가는 소득 불평등을 심화시키는 원인이다.

통계청의 2015년 경제활동인구조사 자료에 의하면 비정규직 임금은 146만 7,000원으로 271만 3,000원인 정규직 임금의 반을 조금 넘는 수준이다. 또한 정규직에 비해 각종 사회보험 가입에서도 열악한 처우를 받는 실정이다.

자영업자라고 상황이 더 좋은 것도 아니다. 지난 10년간 창업, 폐업 현황을 추정한 국세청의 조사에 따르면 자영업자의 생존율은 16.4%에 불과한 것으로 나타났다. 10명이 창업하면 2명만 성공할 수 있다는 말이다. 운 좋게 창업에 성공했다 해도 연간 벌어들이는 소득은 평균 2,072만 원에 불과하다. 특히 50대 이상의 자영업자 중 45%에 가까운 사람들이 월평균 수입으로 100만 원 미만을 벌어들일 뿐이다.

2015년 한국의 총 GDP는 1조 4,351억 달러로 세계 순위 11위이며, 3분기 무역흑자액은 209억 달러로 G20 회원국 중 5위다. 이러한 수치만 보면 한국 경제의 위상은 나날이 높아지고 있는 것만 같다. 하지만 많은 사람이 취업난과 해고의 위험에 시달리고 있으며, 자영업자는 골목상권까지 진출한 대기업 프랜차이즈와의 경쟁에서 밀려나 폐업을 선택하거나 최저 생계비도 안 되는 매출에 허덕이고 있다. 가계부채는 이미 1,000조를 돌파했고, 중산층의 감소로 양극화 심화와 빈부 격차로 몸살을 앓는 게 오늘날 대한민국의 현주소다.

소득의 분배가 불균형을 이루고 최소한의 사회적 안전장치인 복지가 마련되어 있지 않은 사회는 갈등과 불안이 병처럼 퍼진다. 생계를 유지하기도 힘든 개개인은 결혼과 출산을 미룰 수밖에 없다. 2015년 현재 한국의 출산율은 평균 1.25명으로 세계에서 네 번째로 낮은 순위를 기록하고 있다.

유엔의 세계인구전망 보고서에 따르면 65세 이상의 노령 인구가 세계 평균 8.2%이지만 한국은 17.6%에 이른 것으로 나타났다. 이는 일본이 이미 20년 전부터 걸어온 길이다. 비교적 중산층이 두터웠던 다이아몬드형 사회에서 중산층이 무너지고 양극화가 진행된 호리병형 사회로 체질 자체가 바뀌어버린 일본은 젊은이들의 미래를 빼앗고, 중장년층의 노후를 불안하게 만드는 국가가 되어버렸다. 오늘날 우리 사회에서 보이는 많은 징후들은 현재 일본이 처한 위기를 답습하는 것처럼 보인다.

그렇다면 한국은 어떻게 이 위기를 극복하고 구성원 모두에게 공평하게 부가 돌아가는 진정한 부국으로 비상할 수 있을까? 미국, 영국, 독일, 네덜란드, 싱가포르, 스웨덴의 예에서 알 수 있듯 부국으로 가는 길에는 구성원들의 참여를 이끌어내고 공평한 경쟁이 가능한 제도의 힘이 있었다. 포용하는 노동제도, 독점 방지제도, 복지제도 등을 확립한 국가는 국민 개개인의 행복을 보장하며 국가 전체의 부를 이끌어낸다.

오늘날 한국은 바로 이 갈림길에 서 있다. 재벌 기업의 독점을 그대로 방치한 채 중소기업과 개인 사업자들을 자유시장에서 사라지게 하는 지금의 현실은 실업률을 높이고 서민들의 삶을 더욱 팍팍하게 만들 뿐이다. 하지만 정치, 사회, 경제, 복지 등 모든 부분에서 공정한 경쟁의 장을 펼칠 수 있는 제도를 확립한다면 한국의 미래는 희망적일 수 있다. 한국이 일본의 10년 전 쌍둥이가 되지 않기 위해서 후자 쪽을 택해야 하는 것만은 분명하다.

"국민 대다수가 가난한 나라를
부국이라고 할 수 없다."

– 애덤 스미스, 18세기 영국 경제학자

국민을 위한 **제도**가
부국을 만든다

대한민국이 부국으로 가는 길

〈부국의 조건〉은 지난 2014년 1월 초, KBS1TV를 통해 방송된 신년특집 경제대기획 3부작 다큐멘터리다. 프로그램이 방송된 지 26개월이나 지난 시점에서 제작진이 책으로 독자들에게 다시 선보이기로 한 것은 모두가 바라는 '부유한 대한민국'이라는 꿈이 여전히 요원해 보이기 때문이다.

'한강의 기적'으로 시작하여 1970~80년대 중화학공업, 1990년대 반도체 및 IT 강국으로 경제성장을 지속해온 대한민국이 이제 장기 침체의 늪에 빠질지 모른다는 위기의식이 고조되고 있다. 방송이

나간 후 지난 2년 사이 대한민국 경제의 활력은 계속 떨어지고 있다. 2015년 경제성장률이 세계 평균에도 미치지 못했으며, 2016년 1월 수출은 18% 이상 감소했다. 경제위기에 대한 우려가 점증하는 상황에서 우리는 다시 한 번 대한민국이 부국으로 가는 길을 진지하게 모색하지 않을 수 없다.

프로그램에서 보여준 것처럼 제도적인 장치를 마련하여 국민 모두에게 공정한 기회와 공평한 분배를 제공한 나라만이 부국이 될 수 있다. 과거 한때 막강한 세력을 과시하며 부국이라 불리었던 나라도 소수가 탐욕을 부리는 순간 몰락하기 시작했다.

제작진은 이 책을 통해 다가오는 20대 총선을 앞두고 유권자들에게 감히 선택의 기준을 제시하고자 한다. 프로그램에서 부국의 조건으로서 일관되게 제기했던 '포용적 제도'를 입법화할 후보가 누구인가? 그런 후보들의 의정활동을 굳건하게 뒷받침해주는 정당은 어느 당인가?

항상 가정에 충실하지 못했던 바, 프로그램 제작 및 출판과정에서 묵묵히 응원하고 지지해주었던 아내 상숙과 딸 소정에게 깊이 감사하는 마음을 전하며 대한민국이 부국이 되는 그 날을 고대해본다.

2016년 2월 KBS 기획제작국 **박진범**

헬조선이 아닌 부국 코리아를 위하여

부국이란 무엇인가? 잘 사는 나라? 부강한 나라?

프로그램을 기획하고 취재하고 편집하면서 가장 궁금했고, 말하고 싶었던 화두이다. 경제학의 아버지라는 애덤 스미스는 "국민 대다수가 가난한 나라를 부국이라고 할 수 없다"고 정의를 내렸다. GDP 총액이 많다고 부국이 아니라, 인간에게 가치 있는 재화와 서비스를 많이 가지고 있으면서 사회 구성원들에게 골고루 분배가 이루어진 나라를 부국이라고 본 것이다. 흔히 애덤 스미스는 자유주의 경제체제를 옹호하는 경제학자로 잘못 알려져 있다. 하지만 그는 자본주의가 필연적으로 빈부의 격차라는 문제점을 낳을 수밖에 없다면서 자본주의의 폐해를 알고 있었고, 자유와 방임으로 흐를 때 여러 가지 폐단이 생긴다는 점을 간파했다.

자본주의는 인간이 만든 위대한 시스템임에는 틀림없다. 그러나 취약한 계층을 위한 국가의 분배 시스템까지 보태질 때 부국으로 가는 훌륭한 도구가 될 수 있다.

한국은 지난 수십 년간 세계가 인정하는 괄목할 만한 성장을 이루어냈다. 하지만 우리나라를 부국이라고 말할 수 있을까? 적어도 애덤 스미스가 내린 정의로는 완전한 부국이 되려면 아직 한참 멀었다

고 본다. 선진국 클럽에 가입하기는 했지만 절대적인 GDP 총량에서
도 아직 부유한 나라라고 보기는 어렵고, 무엇보다 분배 문제에 있어
서 한참 뒤처져 있기 때문이다. 빈부 격차를 나타내는 지니계수로 볼
때 우리는 북유럽 복지국가들과 비교 대상이 안 될 정도로 부의 편
중이 심한 나라다. 1인당 GDP가 2만 8,000 달러를 넘었지만 그것은
어디까지나 '평균 점수'일 뿐이다.

한국이 진정한 부국이 되기 위한 조건, 그것은 이미 프로그램에서
말했던 대로 '포용적인 제도'의 마련에 있다. 지도층이 부패하지 않
고 청렴해야 하며 기득권층만을 위한 정치, 경제, 사회제도가 아닌
모든 사람을 위한 공평하고 합리적인 제도 마련이 우선되어야 한다.
그러기 위해서는 제도를 만들어내는 정치권력이 깨끗해야 하며, 권
력층이 자신만을 위한 제도가 아니라 국민 모두를 위한 제도를 만들
어내야 한다. 아울러 국민들 스스로도 권력의 부패를 감시하며 '포용
적인 제도'가 뿌리 내릴 수 있도록 노력해야 한다.

부국으로 가는 길은 저절로 얻어지는 게 아니다. 오랜 세월 동안
국가 지도자와 권력층, 정치권, 재계, 학계, 시민 사회 진영에서 치열
한 토론과 뼈를 깎는 노력을 통해 쟁취한 것이다. 이는 복지 선진국
이라 불리는 북유럽 부국들의 역사를 통해서도 확인할 수 있다.

늦었다고 할 때가 바로 시도해야 할 때이다. 우리도 지금부터라도

노력해야 한다. 그래야 '헬조선'이 아닌 '부국 코리아'에서 우리의 후손들이 행복하게 살 수 있다.

이 프로그램과 책이 나오기까지 많은 분들의 도움과 헌신이 있었다. 기획을 맡은 이재정 선배와 당시 책임 프로듀서였던 한창록 국장께 감사드리며 궂을 일을 묵묵히 해준 이혜림 리서처와 진기태 조연출에게도 고마움을 전한다. 특수영상을 맡아서 고생한 한상진 감독과 최정은 감독에게도 고마움을 전하고, 좋은 책의 출판을 맡아주신 가나출판사에도 감사의 말씀을 드린다. 끝으로 장기간의 취재와 제작기간 동안 마음으로 응원해준 아내 박은아와 아들 현종, 딸 주희에게 이 책을 바친다.

2016년 2월 KBS 기획제작국 **김영철**

부국은 저절로 실현되지 않는다

"멕시코는 미국의 쓰레기장이다."

〈부국의 조건〉 1편 '갈라진 도시'를 취재하면서 멕시코에서 들은 말이다. 실제로 멕시코 국경 인근에는 미국의 쓰레기 매립장이 많으며 세계적인 산유국이지만 이익은 미국의 다국적 석유 회사와 미국과 결탁한 정치인, 기업인들의 차지다.

멕시코에도 독립전쟁과 혁명 등 수많은 역사적 기회가 있었다. 1980~90년대 성장기에는 우리보다 먼저 선진국 진입의 샴페인을 터뜨리기도 했다. 하지만 이제는 미국에 버금가는 세계적인 자원 부국이라는 것과 중남미 재개발 국가와 비교해 잘 사는 나라라는 우월감 정도만 남아 있다. 중남미를 탈피하고자 했던 친미 일변도의 정치, 경제 구조는 오히려 미국에 종속되는 결과만을 가져왔다. 서민들은 점점 가난해지고 있고 빈부 격차는 세계 최고 수준이다.

멕시코는 왜 수백 년간 고착화된 착취와 부패의 사슬을 끊지 못했을까? 이는 〈부국의 조건〉을 제작하면서 끊임없이 스스로에게 던졌던 화두다.

멕시코시티, 티후아나, 노갈레스에서 만났던 많은 멕시코인들은 특유의 쾌활함과 낙천성을 잃지 않는 좋은 사람들이었다. 하지만 학교에 가지 않는 아이들과 중산층의 몰락은 확연히 눈에 띄었고, 이것은 소수 기득권층을 제외한 멕시코 사람들이 더 나은 미래와 희망을 꿈꿀 수 없다는 것을 의미한다.

실제로 인터뷰한 수많은 멕시코 시민들은 모두 정경유착, 부패와 마약 등 멕시코의 고질적인 문제를 심각하게 인식하고 있었다. 멕시코의 미래를 물었을 때의 반응 역시 공통적이었다. 오랜 세월 실망과 분노를 반복하면서 가지게 된 '체념'과 '포기'다. 그것은 공정하고 포용적인 제도를 만들어낼 수 있었던 수많은 기회를 날려버린 정치의 실패이자 멕시코 국민들의 실패를 뜻한다.

민주주의와 산업화, 가장 짧은 시간에 두 가지 모두를 어느 정도 성취한 한국 역시 현재 불확실한 미래를 향한 중요한 기로에 서 있다. 불길한 예감이 드는 것은 우리 역시 시민들로부터 유리된 정치가 그들만의 리그가 되고, 많은 젊은이들이 체념과 무관심의 늪에 빠지는 징후가 곳곳에서 보이기 때문이다.

영국과 미국이 여전히 가장 앞선 나라인 이유 역시 정치다. 오랜 투쟁의 역사를 지닌 그들의 정치민주주의는 시민들이 참여하는 토론과 공론형성, 절차와 결과에 대한 승복이 마치 공기처럼 몸에 배어 있다. 우리도 성장이든 복지든, 증세든 감세든 정치가 시민들과 교감하고 시민들이 참여하는 토론과 공론의 장을 많이 만들어야 한다. 무엇이 미래의 핵심인지 공론을 통해 절차를 거쳐 승복하고 이를 통해 국민들의 통합된 에너지가 나와야 한다. 정치권에 기대다 실망하고 욕하는 대신 시민들이 정치경제 이유로 결집해 나서는 것이 더 빠르고 효과적이다.

민주주의와 성장은 공짜로 얻어지지 않는다. 정치를 통한 공정한 절차와 제도의 확립, 통합된 시민들의 참여와 관심 없이는 이루어지지 않는다. 젊은이들이 체념과 무관심을 먼저 배우는 사회에 미래는 없다.

〈부국의 조건〉은 국가와 사회, 가족 등 공동체와 미래에 대한 여러 소회를 느끼게 해준 프로그램이다. 모든 프로그램이 그렇듯 여러 사람들의 노고와 함께했다. 방송 이후 좋은 경제 프로그램이었다는 반향은 한창록 국장, 이재정 팀장 등 같이한 여러 선배 PD들과 김근라 작가, 김희연 리서처, 진기태 AD 등 스태프들의 공이다. 멕시코와 미국, 유럽을 넘나드는 출장 일정에서 항상 힘을 준 아내 지영과 아들 성우에게도 감사의 마음을 전한다.

2016년 2월 KBS 기획제작국 **황응구**

KBS 경제대기획

부국의 조건

초판 1쇄 발행 2016년 3월 7일
초판 3쇄 발행 2016년 5월 30일

지 은 이 | KBS 〈부국의 조건〉 제작팀

펴 낸 곳 | (주)가나문화콘텐츠
펴 낸 이 | 김남전
기획부장 | 유다형
기획·책임편집 | 이정순
본문구성 | 김미조
교정교열 | 김현경
기획1팀 | 이정순 서선행
디 자 인 | 손성희 정란
마 케 팅 | 정상원 한웅 김태용 정용민
경영관리 | 임종열 김다운 박희제
인쇄·제책 | ㈜백산하이테크

출판 등록 | 2002년 2월 15일 제10-2308호.
주   소 | 경기도 고양시 덕양구 호원길 3-2
전   화 | 02-717-5494(편집부) 02-332-7755(관리부)
팩   스 | 02-324-9944
홈페이지 | www.ganapub.com
이 메 일 | admin@anigana.co.kr

ISBN 978-89-5736-774-2 03320

* 이 도서의 국립중앙도서관 출판시도서목록(CIP)은 서지정보유통지원시스템 홈페이지
  (http://seoji.nl.go.kr)와 국가자료공동목록시스템(http://www.nl.go.kr/kolisnet)에서
  이용하실 수 있습니다.(CIP제어번호: CIP2016004574)

가나출판사는 당신의 소중한 투고 원고를 기다립니다. 책 출간에 대한 기획이나 원고가 있으신
분은 이메일 ganapub1@naver.com으로 보내주세요.